AF563803

YGIÉNIS MORALISME

LE

DEVOIR DE DEMAIN

PENSÉES D'UNE FEMME A PROPOS DU MOUVEMENT NÉO-CHRÉTIEN

PAR

ÉLIA MAUREIL-PAROT

PARIS
SOCIÉTÉ D'ÉDITIONS SCIENTIFIQUES
PLACE DE L'ÉCOLE DE MÉDECINE
4, RUE ANTOINE-DUBOIS, 4

1893

HYGIÉNISME ET MORALISME

LE DEVOIR DE DEMAIN

Châteauroux.— Typ. et Stéréotyp. A. Majesté et L. Bouchardeau

HYGIÉNISME ET MORALISME

LE

DEVOIR DE DEMAIN

PENSÉES D'UNE FEMME A PROPOS DU MOUVEMENT NÉO-CHRÉTIEN

PAR

ÉLIA MAUREIL-PAROT

PARIS
SOCIÉTÉ D'ÉDITIONS SCIENTIFIQUES
PLACE DE L'ÉCOLE DE MÉDECINE
4, RUE ANTOINE-DUBOIS, 4

1893

HYGIÉNISME ET MORALISME

LE DEVOIR DE DEMAIN

Pensées d'une femme à propos du mouvement néo-chrétien

AVANT-PROPOS

> *Il faut...... écrire des brochures en mauvais style* (E. Rod, *Le sens de la vie*).
>
> Tant que la misère est accablante, la décadence visible ou l'espérance fermée, *il est enclin à maudire la vie terrestre et à chercher des consolations dans un autre monde.* Sitôt que sa souffrance s'allège, que sa puissance se manifeste, que ses perspectives s'élargissent, *il recommence à aimer la vie présente, à prendre confiance en lui-même, à aimer et à célébrer l'énergie, le génie, etc...*
>
> (Taine, *Histoire de la Littérature anglaise.*)

Les pages qui vont suivre sont nées de la lecture de certains ouvrages parus dans ces derniers temps. Les préoccupations que manifestent les œuvres de MM. Rod, de Vogüé, Desjardins, Wagner sont tout à la louange des esprits qui les ont conçues : le remède qu'ils cherchent à porter au mal, dont souffre l'humanité actuelle, m'a pourtant paru chez les uns trop vague, chez les autres trop absolu et trop en désaccord avec le courant qui emporte nos générations ; là, trop spéculatif, ici, enfin, trop imprégné du mysticisme et de l'austérité qui transforment la vie en une suite de compromissions avec la conscience.

Je ne voudrais pas que l'on arguât de cet humble travail qu'il est un mouvement de « marche en avant » vers le matérialisme, vers le plaisir et la jouissance à tout prix. Ce serait absolument méconnaître l'esprit de ces quelques pages, consacrées à la recherche d'un « Idéal » de vie saine, de beauté corporelle et intellectuelle : l'âme d'un Marc-Aurèle dans le corps d'un Achille ; celle d'une Cornélie ou d'une Lucrèce, enfermée en les lignes opulentes et fières de la Vénus de Milo.

Je pense, bien au contraire, que la modération doit pondérer tous les mouvements de la machine humaine : il n'y a pas d'équilibre, partant de *vraie* santé morale et physique, sans une mesure exacte entre la force à dépenser et la force dépensée.

La plupart des théories sur lesquelles j'appuie mon travail ont servi maintes fois ; je les utiliserai de nouveau pour en faire la raison d'être de mon idée *d'amélioration*, que je résumerai en ces quelques phrases : *Ayez la vie pour idéal, la vie saine, forte, honnête, bonne à vivre ; ayez-en le respect, le culte, parce qu'elle n'est qu'un dépôt que vous êtes appelé à transmettre intact à ceux qui viendront de vous ; diminuez vos chances de misère, de douleur, de souffrance, de mort, et par cela même celles de vos descendants, par une hygiène physique, doublée d'une hygiène morale. Soyez des hommes, soyez des femmes, de vrais hommes, de vraies femmes ;* devenez dignes d'élever des enfants, de les conduire dans les sentiers de la vie que tout tend aujourd'hui à rendre incertaine, souffrante, misérable, tandis qu'elle ne devrait être, pour tous, que la noble utilisation des forces natives et des forces acquises.

Ces pages s'adressent beaucoup aux femmes; j'ai la plus grande confiance dans leur initiative bienfaisante, dans la force qui naît de leur faiblesse, dans leur dévouement aux idées de patriotisme et d'humanité.

Les questions, pour intéresser les hommes, demandent à être traitées avec un esprit philosophique qui malheureusement m'est étranger. J'espère que malgré l'indépendance d'idées que ces lignes accusent, celles auxquelles je les adresse voudront bien comprendre l'utilité et l'importance de ce que nous osons attendre d'elles : une action nouvelle, plus informée, mieux instruite, s'exerçant dans leur famille pour en améliorer les éléments, dans la société pour prêcher d'exemple.

Je voudrais que toutes les femmes comprissent quelle force bienfaisante et puissante peut être la leur, même dans l'humble sphère où jusqu'ici l'homme a circonscrit leur effort. Je crois sincèrement que bien des questions qui passionnent l'opinion à notre époque, peuvent être résolues tranquillement par l'initiative féminine. On a beaucoup fait déjà! de si nobles âmes s'appliquent, avec tant de zèle à corriger « le mal de vivre » qu'il semble bien facile de diriger des efforts nouveaux vers une éducation de la *Masse* pour y développer la science de la vie, pour améliorer, physiquement et moralement, la triste humanité actuelle.

Le jour où la femme, riche, heureuse, ne passera plus, froide, indifférente, parée comme une idole, le cœur aussi vide que la cervelle, au milieu des mères qui pleurent ou simplement s'étiolent, et des enfants qui se débilitent, le problème de la question sociale aura fait bien du chemin. Quels hommes résisteraient aux arguments, partis de cœurs aimants et bien informés de femmes généreuses !

Espérer agir sur l'âme féminine, et surtout sur l'âme de celles qui, à l'heure actuelle, détiennent les biens terrestres, est une grosse prétention, je le sais; mais sur le chemin d'utopie il est difficile de s'arrêter aux pierres qui jalonnent la route! et du reste! est-ce tellement une utopie qu'espérer améliorer la race, et par cela même sa part de bonheur? que de compter sur la femme pour aider à la conquête de cet « idéal »? C'est si naturel que ce devrait sembler tout simple; l'avenir, un avenir qui ne peut être que très lointain, hélas! dira si nous n'avons fait que voyager au pays des rêves.

I

Il est bien difficile d'apporter sa contribution à l'état d'esprit nouveau, au « Devoir Présent », sans l'étudier d'abord lui-même et signaler les causes diverses qui l'ont amené.

A l'heure actuelle, ce mouvement de « marche en avant » vers un nouvel « idéal », nous apparaît plutôt comme un choc en retour vers les préceptes, les principes, les dogmes, même vers certains des mythes sur lesquels s'est appuyée dès longtemps la triste humanité. Faut-il croire que « plus rien n'est neuf sous le soleil », et que le monde avait fait définitivement le tour des idées, avant que ceux qui pensent aujourd'hui apportent leur panacée au mal de l'Inconnu et du Moi? ou nous est-il permis d'espérer un bien nouveau d'une « marche en avant » vraiment nouvelle? C'est à cet espoir que nous vouons les pages qui vont suivre.

Qu'est-ce que cet esprit nouveau? d'où vient ce mouvement de notre jeunesse? vers quoi tend-il?

quel but s'est-il proposé? Et d'abord est-il bien si nouveau? Non, si comme à Mlle Dugard il nous apparaît sous la forme de lutte classique, soutenue par chaque homme au début de sa vraie vie : lutte entre les devoirs austères qui fortifient et les plaisirs qui diminuent. « Certes, historiens, poètes, psychologues, tous diront qu'à toutes les époques, et sous tous les soleils, le combat a été le même pour les cœurs de vingt ans[1]. » Mais l'esprit nouveau n'est pas cela; la question de lutte n'est point en jeu; celle qui se pose est aussi haute; il ne s'agit plus de choisir « la voie » dans laquelle on marchera; tous, ou presque tous, parmi l'élite dont nous discutons les tendances, savent qu'il faut aller « avec le devoir » et par ses sentiers. C'est du viatique que les jeunes imaginations et les penseurs sont préoccupés. On n'en est plus seulement à lancer ces nouvelles cohortes dans les voies de justice, mais à chercher la nourriture spirituelle qui soutiendra leurs forces morales. C'est ce viatique, c'est cette nourriture après laquelle soupirent ceux qui vont entrer dans le chemin parfois si dur de l'existence; c'est cette provende intellectuelle qu'il faut leur fournir; c'est elle qui doit être un « idéal ». Tel est l'état d'esprit nouveau, et tel, croyons-nous, le but que poursuivent ses porte-paroles : essayons de dégager, s'il est possible, quelques-unes des raisons qui l'ont fait naître.

Il semble que ce mouvement soit l'inverse de celui qu'on eût pu s'attendre à voir diriger les

1. *Revue Universitaire*, 15 juillet 1892.

masses il y a quelques années... des mois à peine ! Les adeptes de la « lutte pour la vie » (peut-être sont-ils légions encore), après avoir jeté par-dessus bord, comme un lest inutile, les vieilles croyances, et le sentimentalisme que, sous le nom de charité, nous a légué le christianisme, s'étaient jetés à corps perdu dans l'arène, cherchant à jouir de toutes manières, à sortir vainqueurs de toutes les luttes, à justifier, par leur insouciance morale et leur mépris de l'humanité, les lois de sélection et de force établies par Darwin.

Mais, pour que la masse se laissât pénétrer par ces conceptions de haut égotisme, il eût fallu débarrasser ses jeunes générations de leur conscience humaine, de leur sentiment d'homme, du regard qui s'arrête involontairement sur la souffrance, de l'ouïe que blesse le cri de douleur qui s'élève de la nature entière. Il eût fallu faire du culte de l'individu, indépendamment de toute solidarité, une religion; et, après avoir demandé à tous les raffinements et à l'absence de scrupules, de rendre plus douce et plus facile l'existence du nouvel initié, l'empêcher de sentir qu'il n'était pas seul au monde, de se retourner pour demander les raisons de la misère et de la souffrance, et de chercher s'il n'est pas possible d'y porter remède.

C'est bien de ces sentiments de commisération, qu'est né l'esprit nouveau ; c'est de la longue plainte de l'humanité tordue par la douleur qu'est partie la recherche d'un « idéal ». Sous cette forme de conquête d'un nouvel évangile, il appartient à notre fin de siècle; seuls les motifs qui l'ont amené sont de toujours.

Le pourquoi de la vie et de la mort, cette énigme insoluble, désolante, qui se pose en sphynx au-devant de chaque être pensant, n'aura pas moins que la souffrance contribué à faire naître ce mouvement. On a jaugé le vide du ciel, et des âmes généreuses essaient de le combler, de recommencer sur frais nouveaux le long travail des philosophies. Hantise des cerveaux de toutes les époques, chaque siècle a échafaudé système sur système, sans apporter même une preuve aux arguments que tant de bons esprits ont espéré pouvoir fournir aux lois formatives de la nature. Le scepticisme, la négation peuvent encore s'asseoir triomphants au milieu de la table des augures : ils sont leurs maîtres et deviennent de plus en plus ceux de la masse ; cette masse à laquelle on essaie à nouveau de fournir une direction spirituelle et dont les tendances font dire à M. de Vogüé : « L'esprit de négation a tout détruit; il a remplacé l'idéal de nos pères... » L'idéal de nos pères? Il faudrait d'abord s'entendre sur ce qu'on entend par là et savoir si c'est à lui qu'on veut nous ramener.

Aucun, sauf M. Desjardins peut-être, ne souhaite de voir revenir le temps où, sous prétexte de conquête religieuse, nos paladins passaient de nombreux infidèles au fil de l'épée, et entassaient mourants sur morts, au nom de la croix et des principes d'une religion, dont le culte humanitaire était le moindre souci.

Des coups d'épée, des horions peuvent-ils bien être un « idéal » ?

Est-ce à leur culte chevaleresque de la femme et de l'honneur que s'adressent les regrets du rédacteur de la *Revue des Deux-Mondes ?* Cet idéal n'est pas détruit ! ! tous les « hommes » nous répondront qu'il existe encore, bien qu'ils aient de singulières manières de lui rendre hommage !

Sont-ce les jours des tournois et des cours d'amour que regrette le célèbre écrivain ? Plaisirs d'une faible, bien faible part de la nation, de cette part qui vivait, tandis que l'autre la regardait vivre... Que les temps sont changés ! ! ce n'est plus un idéal à l'usage de cinq pour cent des Français qu'il nous faut ; c'est un idéal pour tous, je dirais presque un idéal tangible, certainement plus approprié aux aspirations du nombre que celui de l'auteur du « Devoir Présent », et moins vague que celui que nous envoie chercher « vers les sources et les sommets » le consciencieux pasteur Wagner.

Est-ce l'idéal de mangeries, de beuveries, et du reste, que l'esprit de négation a tué ? est-ce celui qui si longtemps mit en verve les poètes et les prosateurs ? Le vin, l'amour, les belles : voilà l'idéal de nos pères ; une longue chaîne de poésies l'atteste : c'est lui, ce fonds jamais tari de la Muse gauloise d'antan, et je me fais fort de retrouver cent rimes en son honneur, sans en découvrir une seule, où le « bien immortel que tout âme désire » soit mentionné.

Peut-être, et c'est probable, ces joyeusetés s'étayaient-elles sur une croyance aux bonheurs futurs ; mais cette persuasion s'accommodait fort bien de toutes les jolies impénitences terrestres, et n'étaient pour les croyants qu'un aimable accompagnement aux gaîtés de notre planète, pour les autres, qu'une honnête rêverie bonne à bercer les âmes naïves.

L'esprit de négation n'a point eu à renverser l'idéal de nos pères ; cet idéal n'a jamais eu grande envergure. Leur joie tranquille venait d'un meilleur équilibre des facultés, leur quiétude d'une joyeuse indifférence. L'esprit de négation n'appartient pas seulement à notre époque, il y a certes longtemps qu'il eût détruit l'idéal de nos arrière-grands-pères si pareil crime eût pu être commis. Qu'il ait tué les accommodements de conscience et le tranquille jésuitisme de ceux qui ne craignaient pas de « dîner de l'autel et souper du théâtre », c'est possible, et le mal ne serait pas grand. Mais en pénétrant plus profondément la Masse, peut-être l'a-t-il mieux rapprochée des vérités éternelles dont le culte menaçait de sombrer dans l'attirail dogmatique auquel on l'avait mélangé. Au dix-huitième siècle l'esprit de négation nous apparaît comme le terrain réservé de quelques dilettanti, financiers, philosophes, grandes dames ; au dix-neuvième il est celui du nombre. Mais comment croire que nos sceptiques n'avaient pas, et dès longtemps, des frères parmi le *Vulgum Pecus* d'antan : les succès de Voltaire sont là pour s'en porter garants.

Le doute, le scepticisme ont créé un courant

qu'on ne remontera pas, quels que soient le zèle et le talent des prophètes des doctrines nouvelles ; il y a si longtemps que le peuple vit sur une spéculation religieuse qui n'aboutit qu'à voir des mirages succéder à des rêves, qu'il est temps peut-être de demander à d'autres horizons le secret de vertus plus efficaces, le viatique pour les nouveaux voyages.

Sympathie humaine, incertitude de nos fins dernières, doute, besoin d'une foi nouvelle, moins embroussaillée par les dogmes que ne l'est la foi catholique, moins froide que le protestantisme dénudé, c'est là ce qui active le mouvement de « marche en avant ». Mais nous n'aurons garde d'oublier la poussée produite par le profond dégoût, que doit éprouver le meilleur de notre jeunesse pour la littérature des vingt dernières années. Peut-on s'étonner si les âmes saines refusent de se nourrir plus longtemps des immondices que des auteurs faméliques s'obstinent à croire de consommation courante et générale, tandis que leur public se circonscrit à une phalange de tarés et de vicieux? Est-il surprenant que l'élite de la nation cherche autour d'elle ce qui peut remplacer les dieux morts, et veuille trouver un idéal et une consolation en dehors des horizons que le réalisme lui a ouverts?

Ce réalisme, dont se détache déjà la génération qui arrive au maniement des idées, était né du besoin de repos qu'éprouvèrent, il y a quelque trente ans, les esprits fatigués des chevauchées du romantisme, de ce romantisme qui naquit

2

lui-même d'un besoin d'idéaliser la jouissance.

Le naturalisme amer, destiné à réconforter les esprits, anémiés par la mièvrerie, la fadeur, la maladive et mensongère désespérance qui paraissait au travers des œuvres les plus appréciées, fut un remède pire que le mal : le stimulant n'était qu'un poison dangereux ! Après qu'on nous eut saturés de clairs de lune et de lueurs d'étoiles, nous avons été appelés à nous griser de vapeurs lourdes, à nous repaître d'horreurs et de puanteurs. Les auteurs caudataires de Flaubert et de Zola, qui, pendant les vingt dernières années, ont doublé, non sans talent quelquefois, la misère de chaque jour et de chaque individu, d'une misère rêvée, souvent plus intense que la misère réelle, ont trop préjugé du goût public par le succès de quelques produits du genre. L'instinct humain n'est pas ce qu'ils pensent ; l'homme veut se reposer des tristesses par quelques échappées sur un monde plus beau, dût la peinture être moins sincère. Est-il bien sûr, du reste, que le beau soit moins vrai que la hideur ? la joie que la tristesse? la misère que l'opulence, le bonheur que le malheur? N'est-il pas permis de penser avec P. Leroux, *De l'humanité*, etc. « Saint Paul dit que toute créature » gémit ; on peut dire avec autant de raison que » toute créature sourit et que le plaisir brille dans » le monde comme la douleur. »

Le romantisme mil-huit-cent-trentesque avait fait perdre pied à la foule ; le naturalisme l'a immobilisée dans la boue, et, pourtant, la différence de l'un à l'autre est toute dans la forme et ne tient qu'à quelques tons un peu poussés, à une opulence plus large en face d'une misère plus noire, à une beauté plus saillante épanouie près d'une laideur horrible, à la grosse joie bien grassement exprimée en face d'une tristesse incommensurable; le fonds, lui, reste le même, action, mouvement de l'humaine nature; les variations seules modifient ce thème éternel; ici elles l'estompent et le noient dans des vapeurs légères, là elles le soulignent, augmentant sa force aux dépens de sa grâce. De ces noirceurs à jet continu beaucoup semblent être las; de cette atmosphère lourde et puante, ils veulent sortir pour respirer un air plus pur; à cet appel aux joies qui tuent, ils préfèrent des joies qui retrempent. La jeunesse à laquelle l'air des capitales n'a pas absolument vicié les organes, demande à ceux dont le devoir consiste à préparer l'avenir, une direction, un programme.

Enfin, et c'est par cette remarque que nous voulons signaler notre manière particulière de comprendre un « idéal » pour la foule, ce mouvement nouveau vient surtout du « mal de vivre ». La vie nous est imposée sans que nous puissions nous y soustraire, et sans que nous soyons assez forts, au physique et au moral, pour la porter allègrement et la parcourir avec la plénitude de santé qu'elle comporte, et la dose de peines qui l'accompagne. Nos forces sont au-dessous de notre tâche. « Nous sommes tristes parce que nous vivons mal, » nous dit M. Wagner [1]; il serait plus juste de dire que nous sommes tristes parce que

1. *Jeunesse.*

nous n'avons pas la santé, la force qui donne les saines joies, les gais courages, les élans pour la « marche en avant ». C'est à rechercher ces énergies et à les faire naître, que doivent s'employer tous ceux qui pensent, et qui ont quelque influence sur la jeunesse actuelle et sur celle qui va venir ; c'est à cette tâche que nous avons voué les pages qui vont suivre.

II

Les désirs des porte-paroles du mouvement actuel tendent tous vers un même but, vers une même conquête, celle d'un idéal, d'une foi nouvelle. Mais quels sont les linéaments de cette foi ? Quel sera cet idéal ? Ce mot se plie si bien à toute interprétation, il prête si complaisamment sa forme insaisissable à la recherche des apôtres du futur évangile ! L'un nous convie à le forger de toutes pièces sans préciser quelle en sera la nature. Celui-ci le dégage péniblement des doctrines catholiques ; chez celui-là il en dérive nettement. Tous essaient de fournir à la foule un idéal religieux, parfois confessionnel, et, j'ai regret à le constater, veulent nous amener à remplacer l'énervement, produit du christianisme exaspéré des ascètes du dix-septième et du dix-huitième siècles, par une quiétude, née de la foi, mais d'une foi voulue, qui ne laisse pas moins entiers le doute et le scepticisme dont l'esprit d'examen a doublé nos pensées.

Pour eux aussi la terre est impuissante à satisfaire l'âme humaine, à lui donner « le bien qui n'a pas de nom au terrestre séjour ». C'est joli en poésie ! mais ce n'est pas plus vrai aujourd'hui qu'à l'heure où ces lignes harmonieuses furent écrites. Qu'ils sont rares ceux qui nient les joies d'ici-bas et se consolent de leur absence par une vie future hypothétique ! Non moins rares celles qui demandent à « l'au-delà » de les consoler de leurs premières douleurs ! Mais s'ils existent, et tout existe, quoique très curieux à observer et très respectable dans leur rêverie spéculative, leur état d'âme n'a pas grande importance pour la masse. Celle-ci se contente à moins de frais. Pour elle, en vérité, notre malheureuse planète suffit à ses aspirations les plus nombreuses, et toute spéculation spiritualiste la laissera, nous le craignons, parfaitement indifférente. Cette recherche d'un idéal spiritualiste n'est, à l'heure actuelle, que le sentiment d'une élite qui voit sombrer, à l'heure du raisonnement les croyances de son enfance et de sa jeunesse. Voilà ceux qui s'en vont à la recherche d'idéals incréés ! c'est à eux que pensait déjà Rousseau quand il écrivait : « Comment peut-» on être sceptique par système et de bonne foi ? » je ne saurais le comprendre ; ces philosophes » n'existent pas, ou sont les plus malheureux des » hommes. Le doute sur les choses qu'il nous im-» porte de connaître est un état trop violent pour » l'esprit humain ; il n'y reste pas longtemps, il se » décide malgré lui de manière ou d'autre et il aime » mieux se tromper que de ne rien croire. » Et plus loin : « Nous aimons mieux nous déterminer » au hasard et croire ce qui n'est pas, que d'avouer » qu'aucun de nous ne peut croire ce qui est [1]. » J'ajouterai, en songeant à l'état présent de certains esprits, et « nous forger un idéal » que de n'en point avoir ! Je ne sais si l'accomplissement de ce grand œuvre est réservé à l'élite dont nous étudions les aspirations, et si elle parviendra à convaincre la foule de s'associer à sa conquête ; quant à nous, nous pensons qu'il y a mieux à faire, et qu'avant de conquérir un monde hypothétique, il semble peut-être plus sage de tirer de celui où nous a placés le hasard, le meilleur parti possible.

La religion et le sentiment religieux ne sont-ils que des besoins factices de l'âme ? Le culte est-il exclusivement né de la crainte des forces encore inconnues de la nature ? Cette crainte a-t-elle poussé l'humanité première à donner une forme à l'idée de puissance dont elle se sentait le jouet ? C'est possible ; Rousseau et tant d'autres l'ont pensé et écrit. « L'homme, nous dit-il dans son *Emile*, » a commencé par animer tous les êtres dont il » sentait l'action ; se sentant moins fort que la » plupart de ces êtres, faute de connaître les bornes de leur puissance, il l'a supposée illimitée, » et il en fit des dieux aussitôt qu'il en fit des » corps. Durant les premiers âges, les hommes » effrayés n'ont rien vu de mort dans la nature... » ils ont ainsi rempli l'univers de dieux sensibles ; » les marmousets de Laban, les manitous des sau-

1. *Emile*.

» vages, les fétiches des nègres, tous les mirages » de la nature et des hommes ont été les premiè» res divinités des mortels ; le polythéisme a été » leur première religion et l'idolâtrie leur premier » culte. » Et ailleurs : « Tous les peuples du » monde, sans en excepter les juifs, se sont fait » des dieux corporels. »

Quelle course ont fourni les esprits depuis les jours de cette enfance de l'intelligence et de la vie humaines ! Quelles étapes suppose la transformation de l'instinct conservatif en adoration et en culte, cherchant à gagner la bienveillance des forces indomptées ! Quelle dépense de philosophie pour une mise en œuvre plus rationnelle de l'évolution spirituelle ! Quels élans avec les religions qui, longtemps avant le Christ, avaient déjà spéculé sur les joies d'une autre vie, pour consoler les déceptions de celle-ci ! Quelles envolées enfin avec le christianisme ! et comment le monde a-t-il si longtemps essayé de se satisfaire par cette nourriture mystique, sans se dire qu'elle n'était que le « palliatif » d'une souffrance, dont le remède n'appartenait qu'à lui seul ; qu'il fallait, par tous les moyens, prévenir le mal terrible, « le mal de vivre » tel que l'avait créé l'exploitation humaine ; empêcher enfin l'éclosion de la maladie, plutôt que s'ingénier à chercher un remède et une consolation.

Cependant, puisqu'il est admis (et c'est encore un bien en l'état présent de la société) que notre atavisme et le long legs de croyances qui ont façonné notre intellect, ont laissé en l'esprit un besoin d'espérance aux futurs au delà, sommes-nous tellement dépourvus qu'il faille travailler avec acharnement à forger de nouveaux idéals pour les générations nouvelles ?

Les viatiques qu'on nous propose sont faits des mêmes éléments que ceux qui ont conduit l'homme jusqu'ici ; les preuves ne sont pas plus certaines aujourd'hui qu'hier, et c'est à la « foi du charbonnier » qu'il nous faut, comme aux premiers siècles, atteler nos croyances. MM. Desjardins, Rod, Wagner, de Vogüé nous dirigent fermement vers toute une série d'idées, tombées du ciel où elles veulent nous reconduire, et tendent à nous faire accepter comme indiscutables, comme partie intégrante de notre héritage de vie, de nouveaux legs de la spéculation ; produits d'une poursuite idéale actuelle quelque peu différente de ceux qui nous ont bercés jusqu'ici, mais d'une ressemblance frappante avec eux.

Si nous examinons l'état religieux des peuples qui, à l'heure présente,gouvernent l'esprit humain, nous voyons qu'en fait d'idéal, l'humanité semble suffisamment pourvue. Les pays catholiques nagent en plein royaume de l'idée; il semble inutile de leur fournir un nouveau catéchisme, celui qu'ils possèdent pouvant répondre aux goûts les plus variés. Trouverez-vous culte plus poétique que celui de la Vierge, pour consoler un cœur souffrant de femme? une mise en scène plus grandiose que celle des cathédrales gothiques? un endormement de l'esprit mieux compris, que celui qui naît au milieu de l'encens, de la musique et des fleurs? C'est une poésie idéale, en opposition absolue avec notre système « d'amélioration », mais dont nous sommes obligés d'admirer la superbe ordonnance, l'intelligente compréhension du désir humain tel que l'a façonné la longue suite des siècles. Nous ne demanderions pas mieux que de croire à l'action bienfaisante et consolante que pourrait en attendre l'humanité, si ministres et fidèles portaient au pied des autels des cœurs dépouillés de convoitises.

C'est de l'illusion, mais quelle jolie et consolante illusion!

Le protestantisme est moins accueillant, moins idéaliste : ce ciseau à froid, qui tailla sur l'arbre religieux, au nom de la raison, toutes les efflorescences dont il embaumait les âmes, a beaucoup fait pour dépouiller les esprits de cette rêverie poétique, véritable élément de consolation! Ces églises nues, ce prêtre marié, père de famille, que tout détourne des enthousiasmes naïfs, parce qu'il a vu de près la sottise des dévouements et leur impuissance à doter des filles, à bien placer des fils, à être vraiment armé pour la lutte ; ce protestantisme et cette froide appréciation des nécessités de l'existence, a dès longtemps dépouillé les âmes du parfum d'idéal qu'on essaie de lui rendre aujourd'hui. Les indépendants, ceux qui souffraient de voir la pensée humaine emmaillottée par les dogmes fleuris de la foi catholique, la crurent soulagée, dégagée, à l'avènement de cette ère nouvelle. Mais alors, comme beaucoup plus tard, au moment où le matérialisme débridé a remplacé le romantisme, le remède a été pire que le mal. Cet idéal catholique qu'ils crurent expurger, ils le détruisirent sans rien garder de la fleur de poésie qui faisait son charme. Qui dit religion, dit sentiment et non raison. A la loupe tous les systèmes s'annihilent; mais si, les yeux fermés, vous admettez les mythes si jolis, les dogmes si consolants, toutes ces exagérations qui endorment l'esprit comme autant de berceuses, ne chicanez donc pas votre plaisir et votre quiétude: l'idéal catholique est le roi des idéals, et l'on ne créera jamais plus enivrant nectar pour griser l'âme du peuple!

Le peuple! on pourrait rire à l'infini en pensant quelles superstitions composent encore son bagage religieux, comme en étudiant de près les données mesquines sur lesquelles s'appuient des citoyens, avec ou sans mandat, qui, sans la moindre éducation dogmatique ou théologique, soufflent sur le léger, si léger ensemble de ces croyances faites de fétichisme.

Malheureusement, et c'est à cela que doit s'attribuer l'indifférence de la masse pour l'idée religieuse, il reste à inscrire au passif de toutes les sectes la fausse direction que les passions noires des esprits éclairés ont semée parmi elles. « Ils chantent, ils paieront, » disait Mazarin; qu'ils croient, ils se laisseront gouverner sans révolte. La froide ambition, les manœuvres politiques, la course aux dignités, le besoin d'arriver quand même, ont fait, des chapelles de tous les cultes, le champ clos où se livre souvent la vraie lutte pour la vie, et dont sortent vainqueurs, au grand étonnement des âmes simples, les héros qui ont compris que l'exploitation religieuse est une forme de l'activité humaine, un moyen d'arriver plus vite et plus loin. Chaque « fils de Dieu » a recommencé sur frais nouveaux, le grand œuvre du bonheur de l'homme, et chaque fois les passions ont exploité ce sentiment généreux et l'ont transformé en poison ! Quel siècle verra l'aurore du véritable « Aimez-vous les uns les autres » !

En résumé, ces transformations de l'esprit, qui depuis si longtemps ont énervé l'humanité, la laissent non pas dépourvue, mais infixée. Souffre-t-elle d'une pléthore ou d'un manque d'idéals ? L'état présent donnerait à penser que ceux qui jusqu'ici ont eu force acquise, semblent à quelques-uns demander au moins revision ; pour nous qui suivons le mouvement actuel, nous nous enfonçons davantage en la conviction, qu'on a trop cherché *en dehors* de l'homme le bien qu'on voulait lui faire. « Soyez des » hommes, » leur dit-on ; « Vivez joyeux ! » « Aimez » vous ! » « Revenez à l'idéal de vos pères ! » « Tour» nez-vous vers les sources et les sommets ; vers » les biens incréés, et les au-delà que nous vous » peuplerons ! » A tout cela la sanction pratique fait défaut, le point d'arrivée se perd dans les nuages : ce mouvement qui n'aboutit qu'à la recherche d'un idéal et d'une amélioration mystiques, nous paraît viande creuse et bonne à peine à satisfaire les esprits d'élite qui l'auront créée ; mais à la foule dont le bien nous préoccupe, il faut servir une nourriture plus substantielle et c'est dans la vie, telle que nous la comprenons, dans son amélioration, dans son extension, que je voudrais, indépendamment de tout esprit confessionnel, chercher une nouvelle raison de joie et d'élan.

III

Qu'est-ce que la vie ?

Un héritage, un capital, un devoir qui, à l'heure actuelle, se double d'une longue série de douleurs.

Si nous voulions appuyer les développements qui vont suivre, sur le vieux cliché qui fait de notre court passage sur la terre « une lutte », nous ajouterions que l'homme naît désarmé et malhabile à se forger des armes. Notre idée n'est point celle-ci ; l'homme est moins pourvu que l'animal, c'est dommage, mais, à notre époque, il entre dans une société où la sollicitude de ses parents le dispense d'avoir des forces, et ce n'est pas son dénuement qui est sa pire misère.

Ce qu'il a contre lui, c'est l'héritage qu'il apporte en naissant ; cet héritage est parfois — très rarement — un capital de forces saines, de robustesse, de sang généreux et pur, d'organes dans un bel équilibre. Le plus souvent cet héritage est fait de toutes les misères des ancêtres, de l'affaiblissement des père et mère, du résidu de tous les vices et de toutes les gangrènes morales et physiques que les générations précédentes ont reçues et accrues avec un soin jaloux !

Voilà l'être qui s'entr'ouvre inconsciemment les portes de la vie ! Voilà le plus clair de son actif ! Voilà l'intelligence si mal logée, à laquelle de longs siècles se sont appliquées à fournir un « idéal » ; voilà l'individu pour lequel on a cherché une nourriture qui repaisse sa personnalité intellectuelle, sans trop songer à lui *refaire*, dès le sein de la mère, une personnalité physique, apte à porter le fardeau de la vie, et à le rendre plus léger, en développant les moyens qu'il a, pour soulever et faire mouvoir ce fardeau.

Tel a été l'objet constant de vos constantes préoccupations, ô philosophes ! Vous avez ergoté à l'infini sur l'âme et la puissance spirituelle de l'homme (quelques-uns même de nos jeunes penseurs rêvent « d'être purement cérébral » !) quand il eût été si bon pour lui de viser *a priori* sa puissance corporelle, son amélioration humaine par une hygiène physique, doublée « nécessairement » d'une hygiène morale. Pensez-vous que vous auriez eu tant de peines à le leurrer, en lui promettant, comme compensations aux misères terrestres, de futures jouissances, si la vie n'eût été par la souffrance, par l'exploitation à merci de l'homme par l'homme, par l'égoïsme et l'injustice, le pire mal dont puisse être affligée une chair qui sent et réfléchit ! Que n'a-t-on porté sur la machine humaine le soin jaloux dont on a entouré sa soi-disant immatérialité ! Que ne nous a-t-on appris à améliorer et sauver nos corps avec le même luxe de définitions, qu'on a dépensées pour sauver nos âmes !

Beaucoup a été fait dans le sens *réparateur !* si peu, et sans méthode, dans le sens *préventif !* Et quand on songe à tout ce que vous pouvez espérer moralement d'un bel équilibre physique, d'un équilibre complet, j'entends, on se demande pourquoi, et comment, et au nom de quelle liberté l'homme a été laissé le maître de se corrompre, de corrompre en lui ceux qu'il doit appeler à la lumière; et comment les religions n'ont cherché que par des au-delà hypothétiques, à dégager la raison de vivre.

Et vous voulez qu'il aime la vie, quand les germes morbides pullulent en lui ! Quelle peut-elle être sa raison de vivre, sinon qu'il vit ; quand, sans l'avoir voulu, il a été pris au traquenard, et que c'est blessé et pantelant qu'il doit faire la route. L'aime-t-il? peu importe, son instinct l'y raccroche en désespéré. Zola, par la bouche du reporter du *Temps*, nous dit à propos de son étude sur Lourdes :

« C'était un immense cri de foi ; mais un cri de
» foi demandant la vie. Car les malades ne s'adres-
» sent pas à la Vierge pour qu'elle leur assure une
» autre vie, mais pour qu'elle leur conserve celle-
» ci ; ce n'est pas le ciel qu'ils demandent, c'est
» la terre ! »

L'homme a horreur de la mort ; toute une philosophie est encore à créer pour accoutumer la pensée humaine à cette manifestation dernière après laquelle, sans les yeux du convenu, tout est noir ; donc puisqu'il faut qu'il parcoure ce cycle d'années qui composent une vie, ne doit-on pas s'attacher à le faire parcourir dans le meilleur état possible ; ne doit-on pas doubler son instinct *conservatif* d'une science *préventive*, et développer, avec le soin jaloux d'antan pour la croyance à une abstraction, le culte de l'individu, de l'espèce, cette religion de la vie belle et bonne, cet idéal d'un corps sain, asile d'une intelligence saine !

Certes, j'entends d'ici ce que les prophètes et les apôtres de l'idée spiritualiste peuvent avoir de « Tolles » pour une exaltation pareille du Moi humain, réduit à son rôle d'espèce, pour cet horizon borné dans lequel j'enferme mon héros sans une échappée sur « les poussières encore souffrantes dans notre être [1] » ; sans un regard sur les Wallhalas ou les paradis rêvés. On me dira que la vie, sans les lendemains dont nous avons sucé l'espoir avec le lait de nos mères, est insupportable à envisager ; mais je pourrais répondre avec les disciples de Comte : « Le fait est que vous vivez dans le » présent, perdus et absorbés dans les vétilles de » chaque jour. Le reste, si terrible qu'il soit, tra» verse votre esprit sans plus de traces ni de con» sistance qu'un mirage [2]. » C'est l'atavisme qui nous joue de ses tours ! Les misères physiologiques de l'humanité ont suscité d'aimables philosophes, qui ont essayé d'endormir la souffrance avec les au-delà mystérieux, pleins de jouissances ;

1. *Fantômes d'Orient*, Pierre Loti.

2. Dupont-White, *Études sur le positivisme. Revue des Deux-Mondes.*

nous y sommes cramponnés avec toute l'ardeur de nos esprits fatigués, qui désirent des compensations. Il faudra revenir de loin pour changer l'ordre d'idées actuel ; espérons qu'on en reviendra !

Non seulement pour changer le cours des idées, mais pour refaire la machine humaine. De bien loin ! si l'on songe à tout ce que les siècles ont pu, par une alimentation malsaine ou mal comprise, par la jouissance, encore et quand même, chez les uns, par l'exploitation des forces, la misère et les vices qu'elle fait naître chez les autres, déposer de germes morbides en la chair humaine. L'histoire nous fournit assez de raisons de considérer, comme un capital à reconstituer, l'héritage que nous avons reçu. Petits-fils et arrière-petits-fils, non des héros qui parcoururent l'Europe à la suite du vainqueur d'Austerlitz, mais de ceux que les imperfections physiques, le manque de courage, la vieillesse ou l'héritage d'anémie, d'énervement et d'émotions des régimes précédents avaient empêché de s'associer à la sanglante épopée. « A peine le pays commençait-il à se refaire, que l'année, terrible entre toutes, fauchait à nouveau une jeunesse pleine d'espérances et nous rendait, en débilités et souffrants dans tout leur être, ceux que la guerre avait épargnés ! C'était encore l'élite qui était frappée au cœur ! c'était encore notre future semence, le meilleur de notre sang, qui, par les horreurs de la faim, du froid, des blessures, se trouvaient compromis pour longtemps et ne promettaient à la nation que des êtres

« fatigués » avant d'avoir vécu ; de ceux qui « naissent vieux », selon l'expression si juste du pasteur Wagner.

Qui dira ce que les émotions de ces heures terribles ont fait des enfants conçus dans ces périodes meurtrières? Mais, si dès cette heure funeste, on avait entrepris, avec la réfection de notre matériel militaire, la réfection du futur soldat, peut-être n'aurions-nous pas la tristesse de constater cet appauvrissement de la race qui, bien mieux que Malthus, se charge de nous réduire au rôle de puissance sans influence. On n'a pas songé à *refaire* l'homme ! on n'a pas pu réagir contre ce luxe absurde qui fait de la vie une lutte à outrance où tous laissent le meilleur d'eux-mêmes ! Tout est contre l'homme, contre son équilibre moral et physique ; la manie des grandeurs, celle des distinctions, cette plaie que devrait ignorer un peuple libre ; la vue des richesses nées de gains disproportionnés ; les réussites que rien n'explique ; l'usure de matière cérébrale, la vie des villes, le surmenage de l'enfant et son existence dans les milieux confinés ; par-dessus tout peut-être, les idées fausses sur l'amour et la chasteté : les Don Juans et les Lovelaces, les rodomontades des tombeurs de cœur ; cette dépense de vie à l'heure où l'économie est encore si nécessaire, où la passion déflore, si elle s'exerce dans les milieux patentés, où elle sème le malheur et la honte, si elle s'adresse à la femme digne de respect ! Que dire de l'influence qu'auront eue sur la déchéance de notre race, l'absolution mondaine pour les adultères, et l'abandon de la fille mère, même non séduite ; que dire des maladies nées de la débauche, de celles qu'engendrent les beuveries et les franches lippées? Tout cela nous fait-il assez un héritage à reviser? Les générations précédentes ont « taillé », à nous de « recoudre » ; de commencer à recoudre serait plus juste, car la tâche est effrayante si l'on veut l'embrasser dans ses détails et dans son ensemble !

Refaire chaque homme, refaire des hommes! prendre cet être que la nature a jeté sur la terre sans se préoccuper de sa valeur intrinsèque, pour lui recomposer jour à jour, molécule par molécule, un capital de vie, bonne à transmettre à ceux qu'il procréera : l'œuvre est immense ! et pourtant, si l'on songe à ce qu'a produit l'élan donné par Philippe Daryl en France, peut-on douter, un seul instant, qu'il ne soit possible de créer un mouvement *plus précis* encore? Déjà la vie en plein air se développe et développe ceux qui la pratiquent *dans une sage mesure* ; l'école, à tous les degrés, l'école libre elle-même, devra se charger de modifier par tous les moyens cet embryon d'homme qu'on lui confie ; c'est en elle, après et avec la famille, que nous mettons nos espérances. Mais pour cela, il faut admettre qu'une étude approfondie de toutes les conditions d'existence s'impose, pour dégager l'idéal que nous souhaitons, celui de la vie, de la vie vécue gaîment, parce qu'elle n'est plus une lutte au-dessus des forces, un combat de soldats désarmés, une chaîne de misères et de douleurs, mais le décours naturel des manifestations de l'enfant, et plus tard de l'homme ! Qu'il faudra le concours de volontés courageuses et désintéressées ! Fortifier l'individu, réduire la souffrance, ouvrir des classes et des ateliers aérés pour un travail mesuré..... ce sera fermer les hôpitaux ou n'en conserver que pour y soigner attentivement *toute maladie accidentelle dès son début !* Charger les médecins de signaler l'état des milieux qu'ils traversent en tant que médecins, enrôler des légions d'hygiénistes bénévoles. Je connais quelque part, non loin des palais qui s'étalent autour de la mairie du XVIe arrondissement, un coin hideux dans lequel sœurs de Charité et médecins se sont succédé !... ni les uns ni les autres n'ont signalé, du moins tout porte à le croire, à la commission d'hygiène, le bouge dans lequel le mal doit être à l'état endémique.

Je sais, aux environs de Paris, dans une demeure quasi-royale, un dortoir où quinze jeunes filles étaient entassées sous des plafonds hauts de.... deux mètres? deux mètres cinquante à peine ! Trois mois de sommeil sous ces lambris faisaient des anémiques, chlorotiques, etc., etc. Je ne sache pas que le médecin, fort aimable du reste, ait conseillé de remplacer les prescriptions ferrugineuses qui délabraient ces jeunes estomacs, par l'exhaussement des murailles ou par une plus grande distribution de mètres cubes d'air ! C'est contre toute cette incurie qu'il faut s'élever ; contre celle-là et tant d'autres tout aussi mortelles ! C'est à ouvrir des boulangeries, des boucheries, des maisons salubres que doivent passer les millions de l'assistance publique. On les emploie bien à cultiver la souffrance, pourquoi ne serviraient-ils pas d'abord à cultiver, à faire la santé.

Tout cela relève de la gestion publique, d'une gestion dégagée des querelles de boutique, de lucre et d'ambition, de spéculation ; mais comprend une part qui incombe à tous, à la famille, à l'homme, à la femme, au citoyen ; c'est ce que nous voulons essayer d'établir dans les pages suivantes.

IV

La plupart des observations, dont l'exposé va suivre, étant nécessaires au développement de notre idée d'amélioration, nous n'hésitons pas à nous les approprier, bien que la plupart d'entre elles aient déjà fait partie de toutes les études qui ont été publiées sur l'Education. Ne sont-elles pas du reste à l'état latent dans l'esprit de chaque personne un peu éclairée ?

Pour nous, il s'agit moins de faire leur exposé que d'y trouver un aide pour la conquête de notre « Idéal humanitaire ».

Cet Idéal est la vie dans les meilleures conditions possibles, physiques, matérielles, morales.

Façonner des hommes! les façonner pour qu'ils puissent jouir de l'existence dans l'intégrité de leurs forces physiques et intellectuelles. Mais, pour atteindre ce but, pour avoir « fait un homme », il faut avoir formé un enfant, et ce sont les conditions de ce premier travail que nous essaierons d'esquisser.

La femme, à laquelle est confié le dépôt sacré qui deviendra un Être, devrait être instruite de ses nouveaux devoirs : l'heure actuelle ne s'occupe encore que de lui reconnaître des droits ! droit de secours pendant la maladie, et les relevailles. Certes, ces droits sont respectables, et notre seul regret est d'en voir la satisfaction mesurée au point de neutraliser souvent le bon effet, qu'on pourrait en attendre pour la santé de la mère et de l'enfant[1] ; mais les devoirs ne le sont pas moins. Combien les ignorent ! combien les oublient ! combien les méconnaissent ! Entrer dans leur détail semble puéril ; que n'a-t-on pas dit, et à satiété, sur l'influence morbide que peuvent avoir pour l'enfant, dès le sein de la mère, les vêtements qui compriment, l'hygiène absurde des salles de spectacle ou de bal, les étages ajoutés aux étages, la course au plaisir quand même chez les unes, la nonchalance chez les autres, souvent l'indifférence, l'insouciance. N'a-t-on pas signalé les fatigues, quelle qu'en soit la cause, *même les plus respectables* ; débilitant, avant la vie, l'être qui devrait s'ouvrir les portes de l'existence, en puissance de toutes ses énergies [2]. Point n'est besoin de parler des infan-

1. Les statistiques hebdomadaires des naissances de la ville de Paris enregistrent, chaque semaine, un certain nombre de morts-nés par faiblesse congénitale (53 comme moyenne, croyons-nous, soit 2750 par an). A notre époque de dépopulation ne serait-il pas urgent d'améliorer cet état de choses par une éducation de la femme appropriée à cette époque de la vie et par des secours assez intelligents pour que la reproductrice ait la force de créer en elle un être fort ?

2. Le cheval de bataille, qui se tient peut-être le mieux sur le terrain de la lutte des classes, est cette assertion tant de fois

ticides, le cas relève de la justice, c'est l'absurdité de nos lois civiles et économiques qui nous oblige, à l'heure actuelle, à tenir si grand compte des déperditions criminelles qu'entraînent trop souvent les naissances illégitimes. Où allons-nous moralement et physiquement, s'il ne nous reste qu'à cultiver le produit des fautes pour combler les vides de la dépopulation? Qu'on vote, une loi, qui permette de rechercher le père qui se dispense de secourir l'enfant qu'il a procréé, de fortes amendes contre les joyeux séducteurs de filles naïves parfois ignorantes, toujours sottes, des peines

répétée : les hommes, les animaux eux-mêmes ne naissent pas égaux; certains portent avec eux le caractère de la force, de l'intelligence, de la beauté; d'autres, et c'est malheureusement le nombre dans notre pays à l'époque actuelle, n'ont que débilité, manque de grâce et de compréhension, souvent infirmités. Sans vouloir chercher des étais dans les lois de sélection, nous nous contenterons de demander à ceux qui peuvent le mieux juger le travail secret de la nature, si ce travail lui-même, qui, en tout état de cause, ne devrait fournir à l'espèce. quelle quelle soit, que des représentants forts et d'une intelligence en rapport avec leurs besoins, n'a pas été gêné, contrarié, influencé, quand elle laisse naître des bossus, des boiteux, des êtres à figure bestiale, des intelligences, développées aux dépens du corps, qui font échouer leur propriétaire dans les asiles d'aliénés; des cerveaux atrophiés qui conduisent aux mêmes résultats ou laissent dans une incapacité douloureuse. même si elle est peu sensible, leur triste détenteur? Ce n'est pas la nature qui crée l'infériorité humaine ou animale — en dehors de l'accident et de l'hérédité avec laquelle à cette heure nous sommes contraints de compter; chaque être qui se développe devrait arriver sain de corps et d'esprit à la lumière du jour : c'est encore à l'homme et aux conventions cruelles qui jusqu'à ce jour régissent toutes ses actions que l'on doit reporter ces infériorités, ces déchets de la vie. Quant à les croire le résultat du libre jeu des forces naturelles, ce nous semble un manque absolu de loyale et honnête logique.

sévères, très sévères, contre l'adultère, et tout porte à croire qu'on verra diminuer les natalités suspectes.

Les devoirs de la future mère sont multiples ; tout son « Moi » est engagé pendant cette période. Il me souvient de l'émotion que je ressentis en entendant une jeune femme dire avec quel respect d'elle-même et de l'être qu'elle portait, elle avait traversé les mois de sa gestation. Quel souvenir ému et reconnaissant je garde à celle qui se condamnait à boire les infusions les plus amères, pour assurer une meilleure santé à l'enfant qu'elle attendait. Si, oubliant quels devoirs nouveaux lui incombent pendant cette période sacrée, la future mère s'abandonne à sa faiblesse, peut-elle croire qu'elle n'appose pas, sur le moral de son enfant (de même qu'elle compromettrait sa vie physique par une maladie dont elle serait atteinte) le stigmate des défauts qu'elle n'a pas su vaincre. Tous acceptent d'hériter des vertus de leurs père et mère, des beaux yeux ou du joli pied de leur ancêtre ; malheureusement cet héritage n'est pas le seul que nous soyons exposés à faire, et c'est en bloc que l'hérédité dépose ses bons et mauvais germes en nous. Qu'il soit possible d'en modifier les éléments, par une consciencieuse étude de soi-même, j'ai quelque idée que nul ne peut en douter. C'est à celle à laquelle est échue la lourde tâche de former de son sang et de sa chair un corps et une intelligence, qu'est aussi échu le devoir de modifier les molécules de cet être futur. L'hygiène de l'avenir saura tracer les lignes de cette amélioration des germes du futur enfant. On en comprendra trop la nécessité pour ne pas y consacrer des soins ! S'il est vrai que le grand œuvre de procréation puisse être entaché par l'état physique et moral dans lequel il a été pratiqué, n'est-il pas permis de penser que bien des misères organiques peuvent résulter du plus ou moins « d'état de grâce » dans lequel la femme traversera cette époque de sa vie, sérieuse entre toutes.

Dès la naissance, l'hygiène morale, qui dans la prime jeunesse, aussi bien que plus tard, va de pair avec l'hygiène physique, doit apparaître. Il faut savoir discerner les différentes manifestations de l'enfant, sa manière de pleurer surtout : ce petit être est déjà si habile ! Comme il doit être étudié avec soin si l'on veut déjouer ses calculs ; et, tout en respectant sa souffrance qui est toujours concomitante à un état physique facile à reconnaître, rester sans pitié pour le caprice.

Surveiller la régularité et la quantité des repas est d'hygiène courante : tous le savent et peu s'y conforment ; on pourrait en dire autant de la propreté, de l'obéissance et des habitudes d'ordre !

« Le besoin de voir chaque chose rangée à sa » place devient naturel chez le petit enfant pour » peu que nous paraissions l'éprouver nous-mêmes. Quand on pense aux regrets amers que » l'absence d'habitude d'ordre laisse dans la suite, » on devrait s'appliquer à les faire contracter aux » enfants ; » et plus loin : « Le goût de la propreté » a la même source [1]. »

1. Mme Necker de Saussure, *L'Education progressive.*

Et maintenant, répéterai-je après tant d'autres qu'il faut respecter l'enfant, ne lui donner que de bons exemples, et par là même se rendre digne de remplir les devoirs que l'on a contractés par le mariage et la paternité?

On dit que le respect n'existe plus en France; existe-t-il beaucoup plus ailleurs? Je n'ai jamais entendu des Français parler de la famille, dans les termes dont se servaient les jeunes Anglais avec lesquels je me suis rencontrée: c'était de l'indifférence irrespectueuse.

Le respect se perd, parce que les parents se surveillent peu eux-mêmes, et appellent leurs enfants, avec une désinvolture qui frise la sottise, à juger ce qui se passe sous leurs yeux. Vous voulez être respecté? soyez respectable, soyez un peu moins vous-même en face de vos enfants. En France, on essaie de se consoler de cette familiarité exagérée, en songeant à ce que gagne l'affection par ce contact journalier: c'est peut-être une erreur; l'affection court les mêmes risques que le respect. L'enfant juge de très bonne heure; juge sans condamner, c'est possible, mais, plus tard, quand il apprécie combien l'exemple de la maison paternelle a compromis son capital moral et physique, il sent diminuer son affection. Quant au respect, peut-être y a-t-il longtemps qu'il a disparu.

Je voudrais qu'on poussât l'amour de l'enfance jusqu'au soin des propos que l'on tient devant elle; non que je croie que tout ce qui touche à la vie saine et normale ne peut se dire en sa présence; mais si un fait ordinaire se transforme en grivoiserie, s'il devient prétexte à sous-entendus et à rires, il sera bien difficile de déraciner de ce jeune esprit la préoccupation que la raison condamne. Leur éducation devrait être naturelle, sérieuse et spontanée, pleine du respect de la vie et de ses manifestations les plus variées.

L'enfant n'a pas de devoirs, sa naissance lui a donné des droits qui créent à l'homme et à la femme des devoirs : lui apprendre par l'exemple tout ce qu'il est de son intérêt humain de pratiquer plus tard ; développer en lui l'esprit de justice en ne commettant aucun acte injuste devant lui ; l'esprit de vérité en fuyant le mensonge. « L'essentiel de beaucoup c'est d'être parfaite-» ment vrais nous-mêmes. Tous les autres inté-» rêts doivent être sacrifiés à celui de la vérité. » Tromper un enfant, c'est non seulement lui « donner un pernicieux exemple ; c'est nous per-» dre auprès de lui pour l'avenir...... tout est ré-» parable auprès des enfants, hors le mensonge [1]. »

Enfin et surtout, le respect et la conservation de sa personnalité physique : le respect et l'amélioration de sa personne morale. C'est à nous à leur faire une vie à eux, une vie basée sur leurs besoins et non sur ce qui doit satisfaire notre égoïsme et le désir d'occuper l'opinion publique qui nous poursuit jusque dans notre enfant : il n'importe pas qu'à toute heure du jour ce jeune rejeton soit prêt à la parade ! Il est préférable qu'on l'ignore ; il est même essentiel, pour son bonheur et la formation de son petit intellect, qu'il soit, le

1. Mme Necker de Saussure.

moins possible, en contact avec les invités qui doivent payer leur écot en admiration, banale et sans portée pour eux, remplie de conséquences pour les jeunes héros qu'on leur exhibe.

Longs repos des organes intellectuels ; longues années en liberté à l'air, à la lumière ; apprenez-leur à lire de bonne heure, puis laissez fructifier seul au gré de leur goût ce premier acquit. Le dessin, l'écriture peuvent être excités aussi par des cahiers, prêtés comme récompense, si l'enfant manifeste le désir d'apprendre davantage. Il n'importe pas, à notre humble avis, qu'il soit très jeune un Pic de la Mirandole ; il importe surtout qu'il ait fait, pour l'heure des labeurs difficiles, ample provision de chair, de muscles, de force et de santé. C'est à une mère bien dévouée que j'ai souvent entendu faire cette remarque : « J'ai eu des enfants magnifiques, je ne sais pourquoi ils se sont étiolés vers sept ou huit ans. » Les progrès de l'hygiène ne permettaient pas de savoir, à cette époque, qu'en confinant dans une classe, comme dans une serre, la plante qui s'était épanouie à l'air libre, on ralentissait le jeu de tous les organes, on diminuait leur mise en valeur, on compromettait la santé. Combien de mères et de pères l'ignorent encore ! combien même ne veulent pas le savoir ! il semble si naturel de se débarrasser de l'enfant en l'envoyant à l'école ! de confier sa responsabilité à d'autres ! et lui, cet être que l'on croit aimer plus que soi-même, devient la victime de ce soi-disant amour qui n'est au fond que de l'égoïsme.

Longues années en liberté, à l'air, à la lumière ;

vêtements simples et commodes, chaussures aisées. Que les erreurs de la mode leur deviennent légères! Ils en sont encore tellement esclaves! Aujourd'hui on les habille presque en danseuses de l'Opéra; demain les pauvres bébés doivent relever leurs jupes s'ils ne veulent les charger de boue! On exposera aux rigueurs de la bise, sous un chapeau Louis XIII ou Louis XV, les petits nez, les lèvres si sensibles, les oreilles et leur organisme si délicat, que vous emmitouflez si étroitement à cette heure sous les petits bonnets moyen âge! Nul ne semble réfléchir aux névralgies, maux de dents ou d'oreilles collectionnés dans ces pauvres petites têtes, que l'on sait si mal aimer! nul ne fait le compte de ce qu'il diminue de « joie de vivre » au bébé qu'une maladie, due au caprice, retient de longs jours et de tristes nuits entre la vie et la mort; sans parler des conséquences, probables pour l'avenir, de ce premier accroc donné à son capital de vie!

Résumons-nous : tous nos désirs, pour cette première étape, sont qu'elle développe chez l'enfant, et cela dès le moment où il se manifeste à la vie, la force physique, plus tard le respect de soi et des autres, l'endurance, l'énergie fille de la force. Cette part de développement appartient, à notre point de vue, à la mère dont l'hygiène morale et physique doit modifier l'être futur, plus tard à la famille ou à ceux auxquels est confiée la prime jeunesse de l'enfant. Celui-ci, on l'a dit et redit, n'est qu'une cire molle, prête à recevoir toutes les empreintes; il faut ne lui laisser que celles qui doivent aider à son accroissement, à son amélioration. Il faut que son capital de vie, surveillé à son aurore, épuré par l'hygiène maternelle et infantile, corrigé par les principes de la première éducation que nous avons voulue saine, forte, éclairée, arrive à l'école, augmenté par l'accroissement matériel, amélioré par les acquisitions morales. Cette amélioration cet accroissement sont les conséquences d'un équilibre physiologique tout doit contribuer à obtenir et à maintenir. Pour un sujet si vaste il eût été facile de remplir de nombreuses pages rien qu'en nous appuyant sur ce que tant d'autres ont déjà dit de l'éducation enfantine. Les quelques remarques que nous avons faites sont implicitement étayées sur les écrits si nombreux et si documentés qui, à l'heure actuelle, font partie de la pédagogie. Nous nous sommes appliquée du reste à ne retenir que celles qui nous semblaient le plus propres à développer notre « idéal humanitaire ». On a beaucoup écrit sur ces sujets : il reste encore beaucoup à écrire et dans un sens presque absolument opposé à celui qu'on a suivi jusqu'ici. Une hygiène double demande des livres *ad hoc* dont les médecins ont certes dès longtemps compris l'utilité. Nous avons déjà *l'Art de vivre* du docteur G. Simon ; la Préface, due à l'académicien du même nom, laisse deviner des préoccupations qui ressemblent beaucoup à celles exposées dans cette étude ; malheureusement, le volume s'adresse aux heureux de la vie, et le soin de cette partie de l'humanité, de celle qui peut « marier les raisins aux lilas » sur les corbeilles qui ornent sa table, nous semble moins pressant, que celui de la part, qui peine, et pour laquelle le mal, la souffrance, un certain désordre moral et physique, une inconnaissance du mieux sont les vraies sources du malheur. Certes, il faut enseigner à tous « l'art de vivre », mais il faut, et nous préciserons plus loin la forme à donner à ce désidératum, l'enseigner surtout à ceux qui, par une ignorance absolue, compromettent souvent le peu de bien qui leur est échu en ce monde. C'est aux classes pauvres, à la demi-bourgeoisie, qu'il faut fournir la force et le viatique pour les heures dures : c'est à elles, parce qu'elles sont la masse, qu'il faut apprendre à se faire des chairs, des muscles, des énergies, de l'endurance. L'art de vivre qui s'adresse aux riches, doit être doublé de l'art de vivre qui s'adresse aux pauvres ; les premiers, ceux pour lesquels le temps est meilleur, comprendront certainement un jour quel intérêt ils ont à ce qu'une vie calme, satisfaite, reposée, saine, soit le lot du plus grand nombre : de tous ! Nous souhaitons vivement l'avénement de générations dépouillées du « vieil homme », de générations refaites, où le corps épuré, fortifié, suivra tranquillement les voies qui lui auront été préparées par la nature. C'est aux esprits compétents, aux vrais philanthropes, à les faire marcher dans ces voies, à les faire jouir du bien, que leur auront conquis la collaboration et le dévouement de tous ceux qui pensent que le bonheur humain est aussi une conquête à faire.

V

Notre héros sait lire — ou il ne sait pas —; s'il sait, tant mieux, il entraînera les autres et les aidera à apprendre ; s'il ne sait pas, placez-le en face des procédés les plus simples. Repoussez systématiquement les élucubrations de ceux qui croient devoir tirer, du chaos pédagogique, les méthodes les plus extraordinaires, les moyens de torture les mieux patentés.

L'école ne doit pas être un lieu de souffrance ; elle doit être le temple où s'élabore la joie par la conscience de la force intellectuelle acquise. Mais, pour que cette force s'acquière *sans déperdition de vigueur physique* (et c'est ce que nous cherchons avant tout), il faut simplifier l'enseignement, et s'en remettre absolument, pour l'application des programmes destinés à la prime jeunesse, au bon sens des *instituteurs* ou des *femmes* plutôt qu'à la haute science des docteurs.

Les classes devraient être peu nombreuses ; demander du maître qu'il soit, une journée, que dis-je ? une longue année à la hauteur de sa tâche avec quarante, cinquante élèves et plus, est tout aussi déraisonnable qu'attendre d'un cocher qu'il conduise avec la même maëstria, pendant un long espace de temps, six ou huit chevaux fougueux ! Il est évident que le travail imposé dépasse la force humaine, et que le résultat, sans parler de la tension des nerfs professoraux, s'en ressent. Inutile de signaler le côté particulièrement antihygiénique de pareilles agglomérations. Une des erreurs qui ont amené cet encombrement des classes, duquel physiquement l'enfant aussi bien que le maître sont victimes, est la gratuité de l'enseignement. Ou nous étions assez riches pour nous payer ce luxe, et alors nous n'avons plus le droit de limiter l'application du principe, ou nous ne le sommes pas, et il serait beaucoup plus naturel d'obtenir des pères et mères qui peuvent payer l'éducation de leurs enfants, ce qu'on leur demande en qualité de contribuables. Il ne serait que juste d'exiger une rétribution proportionnée, aux écoles, collèges, lycées ; et par rétribution *proportionnée* je n'entends pas les sommes dérisoires que paient les élèves de nos grands établissements d'enseignement secondaire, j'entends une contribution en rapport avec la valeur livrée. Moins de bourses, moins de déclassés envers lesquels l'Etat se crée des obligations. Nul ne se rappelle qu'il a des fils que le pays lui élève gratis, ou à peu près, à l'heure où il doit payer l'impôt : c'est le développement légal de cet esprit d'économie de bas de laine, qui fait de la France la contrée où, l'individu, à proportions égales, dépense, semble-t-il, le moins. En Angleterre, toutes les apparences disent qu'une pièce de monnaie quelconque fait trois fois, plus peut-être, de chemin qu'elle n'en fait entre nos mains.

Classes vastes et aérées, jeux organisés ou non, mais favorisés par de larges espaces ; l'élève, jeune et bien portant demande naturellement à dépenser en récréations le trop plein de son activité. Nombreux temps de repos, non pour « se reposer » mais pour que l'enfant trouve son action normale qui est le mouvement et non pas l'immobilité. Moins de déperdition de force intellectuelle, moins de temps gaspillé en classe : l'avancement ne perdra rien par la multiplication des heures de récréation si l'on s'applique non à « tuer le temps » mais à obtenir la quintessence du travail.

Le chant, sur l'action bienfaisante duquel nous serions tenté d'étayer toute la pédagogie scolaire, devra faire partie de tous les exercices. Le chant peut être une prière qui élève les sentiments et mette l'enfant dans une atmosphère plus saine que celle d'un travail machinal. Le chant devrait être l'accompagnement obligé du mouvement et de l'effort ; il pourrait à lui seul constituer un Evangile ; mais, pour cela, il faudrait choisir avec discernement les morceaux que devront chanter les élèves ; point de platitudes, point de paroles vulgaires ! point de ronrons ; que chaque air respire une pensée noble, une élévation du cœur vers les entités immortelles ; la famille, le pays, le devoir, le travail, le courage, l'honneur, l'histoire et ses héros. Ayez des chants très simples pour les simples, des strophes plus élevées pour les plus avancés; à la conviction, à la joie, avec lesquelles ils débiteront ces poésies, vous pourrez apprécier l'état moral dans lequel les place cet exercice et vous guider sur le meilleur choix à faire.

L'école et son action bienfaisante dépendent du maître, il faut donc fortifier son autorité et faire une guerre sans pitié à l'indiscipline : si l'on a compris la nécessité d'une action austère et indiscutée de l'autorité pour la caserne, comment consentir à laisser à la dérive l'école, cet embryon des casernes de l'avenir ? L'enfant dressé à l'obéissance sera un soldat dressé à l'obéissance. Une discipline naturelle, respectueuse des règlements sur lesquels elle s'appuie, des maîtres soucieux de ces règlements et de leur mise en pratique, auront pour premier résultat de voir la tranquillité morale et matérielle prendre la place de l'excitation, de l'énervement et de la tension d'esprit qu'éprouvent les professeurs et les élèves dans les classes où l'on semble avoir fait un sort à l'indiscipline. Mais pour développer l'autorité du maître il faut développer la liberté; il faut qu'elle soit mieux qu'un motif à périodes brillantes. Que chaque professeur se sente quelqu'un en face de son supérieur hiérarchique et non un inférieur; que l'indépendance en ce qu'elle a de noble soit inscrite au front de tous. De quelle matière sont faites les âmes qui ne sont pas tentées de s'écrier en face de certains aplatissements : Relevez-vous!

soyez des hommes ! Assez longtemps la masse aura gémi sous une servilité à peine déguisée ! puissent ceux qui viendront après nous avoir de la dignité humaine une idée assez haute, pour ignorer que des consciences se vendent et s'achètent, et que celui qui voit les fronts se courber devant lui, et l'encens courtisanesque caresser ses narines, est tenté de se croire une exception, tandis qu'il n'est que le représentant d'un état d'esprit, flétri au nom de la raison et de la vraie égalité humaine.

Tout l'être peut et doit gagner à cette émancipation ; l'air de la liberté dilate le corps et les âmes s'il n'y a pas, comme le dit justement Diderot *maximes de Morale dont on ne puisse faire aphorismes de Médecine* ; quel principe à développer plus beau, plus salutaire, plus régénérateur que celui de l'indépendance.

Et pour rentrer en plein dans notre sujet dont nous semblons nous être fort écarté, bien qu'en notre esprit la direction intellectuelle fasse partie intégrante et nécessaire de la reconstitution physique, nous voulons émettre un vœu : demander à l'école et à ses chefs de nous prêter leur pénétration pour étudier l'enfant et le *catégoriser* d'après ses aptitudes physiques. Il est déjà presque impossible de réclamer le même effort aux lymphatiques ou aux nerveux, à plus forte raison au malade, à l'anémié et au bien portant ; nous ne sommes pas éloignée de croire à la maladie physique, même cachée, cause des maladies morales, que l'on a si longtemps cherché à réprimer, sans songer à rechercher leurs véritables raisons : paresse, étourderie, orgueil, variété sotte, lourdeur d'esprit, etc ; en arrivera-t-on à créer le livret des évolutions physiques, joint au livret témoignage de vie morale ? Il le faudra bien si l'on veut s'appliquer à améliorer l'être dans toutes ses manifestations.

« Je voudrais, dit Mme Necker de Saussure
» dans son livre sur l'éducation progressive, un
» journal véritable où l'on prît acte de chaque
» progrès, où toutes les vicissitudes de la santé
» physique et morale fussent marquées, et où l'on
» trouvât par ordre de date la mesure de chaque
» enfant dans tous les sens. »

Et Philippe Daryl, dans son volume si humoristique sur la renaissance physique :

« On dira : tout cela est fort bien, mais com-
» ment échapper à ces fatalités ? On le pourrait
» assurément à la condition de s'en donner la
» peine. Rien n'est plus aisé que d'empêcher une
» fille d'être bossue ; une jolie femme ne vieillit
» jamais quand elle sait se résoudre à avoir la
» beauté de son âge, et ceux-là seuls engraissent
» qui en prennent leur parti.

» Mais quoi ! Parmi tant de choses essentielles
» que l'école devrait enseigner aux enfants on
» oublie les plus nécessaires. Est-ce que la pre-
» mière éducation ne devrait pas être l'art de
» rester propre sur soi, de soigner ses mains, ses
» ongles, sa peau ? Est-ce qu'il n'est pas urgent
» d'apprendre aux petites filles que *tout sentiment*
» *égoïste et violent les enlaidit, etc., etc.*

Et pour serrer de plus près notre idée : « Des » inspecteurs spéciaux y seraient nécessaires, des » experts, passant dans les écoles de filles, pre- » nant des notes et disant : Mademoiselle, voici » une épaule à faire descendre, une hanche insuf- » fisante, etc., etc. » Et j'ajouterai : Mademoiselle, ou Monsieur, tel enfant doit être dans une condition de santé mauvaise ; son système nerveux l'emporte, ou le lymphatisme envahit celui-ci ; tels ou tels soins, telle hygiène surtout doit être appliquée ou du moins tels et tels conseils doivent être donnés aux parents.

Chose à noter, cette beauté est de la force, nous dit ailleurs Philippe Daryl ; en fait de muscles, développement normal signifie énergie ; d'ailleurs : « Il s'ensuit que les hommes sont bien coupables » qui mettent des enfants au jour et ne s'inquiè- » tent pas de leur donner cette beauté qui est de » la force. » Espérons qu'on en arrivera à réaliser dans un autre sens ce qu'avait essayé le vénérable de la Salle quand il séparait les mauvais élèves des bons, les appelant à suivre des exercices différents et à faire de leur passif moral un actif de joie, de science, de santé.

Il s'agit vraiment de créer des maisons de correction nouveau modèle ; écoles de redressement, hôpitaux où « avant la maladie » on fera une guerre savante, par l'hygiène corporelle et l'hygiène intellectuelle, aux germes morbides que tant d'enfants traînent avec eux. Très jeune, l'écolier manifeste déjà ce qu'il sera plus tard ; très jeune, son air languide proteste contre la séquestration et les études prolongées ; c'est au maître, savant hygiéniste, presque sûr de son diagnostic, que nous demanderons d'être éclairé sur ce qu'il y a de mieux à faire pour reconstituer cette santé compromise ; c'est lui qui sera l'organe des mesures préventives à prendre, mesures sur lesquelles nous comptons pour régénérer l'espèce et pour diriger, en ce sens, tant de parents, ignorants des plus simples moyens d'amélioration. Il ne faut pas considérer avec d'Holbach le méchant et le vicieux comme un être fatalement mauvais ; ou penser avec La Mettrie que « les conseils sont inutiles à qui est né avec la soif du carnage et du sang » ; non, il faut les voir comme les héritiers d'un état *physique* qui a donné naissance ou développé leurs vices et dont la médication appartient à la famille et à l'école. Un vice n'est qu'un germe mauvais, le ferment d'une maladie ; est-il possible de détruire ce germe ou de le modifier ? L'hygiène physique a-t-elle dit son dernier mot quant à son influence morale ? Ne pouvons-nous rien espérer d'une chimie nouvelle, appliquée au moral en même temps qu'au physique ? En tout cas la société doit instinctivement s'appliquer à transformer ce germe, car elle a tout à craindre des résultats immédiats de son développement, et peut-être plus encore des résultats futurs.

Cours d'hygiène de l'enfance faits avec luxe, méthode et esprit de suite. Remplacez les vagues remontrances qu'on leur distribue, suivant les circonstances, par un catéchisme de conservation, de préservation infantile qu'ils devront apprendre comme ils devaient autrefois apprendre les petits livres qui leur enseignaient leur religion : l'un n'empêche du reste pas l'autre, au contraire ! Certes, si vous avez sauvé un sur cent des enfants qui s'exposent à la souffrance et à la maladie en se plaçant tout en sueur dans les courants d'air, en buvant froid quand ils sont bouillants de chaleur, etc., etc., vous aurez fait œuvre au moins aussi méritoire qu'à l'époque où vous vous donniez tant de peines pour les persuader d'échapper aux peines éternelles.

Cours de morale très élémentaire, très « succinct » ; la morale, a dit C. Dolfus, est « l'hygiène de l'âme ». Leur enseigner la « justice inséparable de la bonté » (Rousseau), la force, la tempérance, vertus dont nous voudrions doter nos jeunes générations, vertus qui font les corps sains et les âmes saines. Force morale, force physique, mères des énergies et des courages. Prudence, qui fait mesurer la valeur de chaque acte et garantit des excès ennemis de tout équilibre. Tempérance, mère de la chasteté ; respect de la souffrance, doublé d'une répression sévère des cruautés inutiles ; le fardeau des cruautés inévitables ne pèse-t-il pas d'un poids assez lourd sur les épaules humaines ?

Nous nous reprocherions d'oublier certaines leçons qui peuvent trouver leur tour dans un enseignement de l'hygiène, mais auxquelles, vu leur importance, on peut aussi faire une place à part. Il s'agit de la civilité. Le vénérable de la Salle, duquel il y a certainement beaucoup à apprendre, en avait compris l'utilité ; ceux qui se sont inspirés de sa pédagogie, surtout certains couvents de femmes, n'ont eu garde de manquer à les inscrire sur leurs programmes. Nos rapports sociaux sont faits de maints détails ; en dehors des devoirs que nous devons à nos père et mère, en dehors même des obligations morales nées de notre condition d'homme, il y a encore une infinité de puérilités qui classent l'individu, à l'heure où il entre vraiment dans la vie. L'Anglais a mené cette étude de l'hygiène sociale à la hauteur d'un sacerdoce ; ce sont les mêmes mains irréprochables, les mêmes dents soigneusement lavées, le même besoin d'eau, le même coup de fourchette ; le même égoïsme aussi, je l'accorde, mais je l'admirerais presque chez notre jeunesse, si je lui voyais aussi ce soin d'elle-même, cette « tenue » qu'à tous les âges vous retrouvez chez nos voisins, et qui est peut-être la condition de leur si belle apparence physique.

Il n'est pas question de faire ici un programme d'études ; il est question de réclamer pour l'enfant que nous confions, aux écoles officielles ou libres, en pleine santé physique et morale, de l'air, de la lumière, beaucoup d'air et de lumière, une nourriture intellectuelle qui nourrisse et fortifie l'esprit, une nourriture corporelle qui *nourrisse vraiment le corps.* Nous vous remettons, entre les mains, un capital que nous voulons, nous ne cesserons de le répéter, retrouver augmenté en tous sens; nous n'acceptons pas que certaines actions montent tandis que d'autres baissent. Elles doivent toutes suivre une marche ascendante et conserver leur équilibre. Point de développement exagéré de l'intellect aux dépens du corps; point d'atrophie de l'intelligence au bénéfice des formes athlétiques. Les programmes doivent être simples, non pas pour diminuer la tâche de l'enfant et le dresser à la paresse, mais parce que le temps que l'on gagne par un enseignement clair et lucide, sera pris au dégoût, évitera le surmenage, et rendra les progrès d'autant plus rapides.

L'école a d'autres devoirs ; elle doit continuer ce que la famille a commencé ; nous avons souhaité un milieu où l'enfant n'ait que de bons exemples, l'école doit être un milieu nouveau où rien ne puisse l'autoriser au mal. C'est un vieux préjugé de gamin, qu'une autorité souvent discutée laisse s'accréditer, qu'il est possible de changer la classe en lieu de récréation : le jour où vous aurez pénétré, mais bien pénétré les écoliers de leur erreur, vous n'aurez plus à redouter le fameux tapage, désespoir des professeurs moins bien doués pour cette lutte si âpre de chaque jour ! Point de mauvais exemples venus des maîtres ! point de ces injustices qui découragent tant de jeunes esprits et font souffrir tant de pauvres petits cœurs : j'ai pleuré des larmes bien amères, je me les rappelle encore, pour la partialité d'une de mes maîtresses. Point de ces âpretés au gain que l'on rencontre trop souvent chez ceux qui se chargent de la vie morale et matérielle de leurs élèves, âpretés qui les font juger si sévèrement et si dédaigneusement par l'écolier, dont ils sont loin de soupçonner l'opinion avisée. Que la nourriture soit saine, abondante et mesurée ; que les cours d'hygiène préviennent les maux d'estomac si difficiles à guérir ; qu'on nous donne une recette pour faire du vrai bon pain au lieu des croûtons dorés que tout le monde admire et aime, et que nous aurions tout avantage à échanger contre une grossière miche anglaise ; un pain friable au lieu de la colle indigeste, à peine cuite, enfermée dans une croûte si factice sous ses dehors appétissants ; point de fritures ; peu de vin (cela n'est généralement pas à craindre), mais peu est encore beaucoup pour les estomacs délicats ; des viandes rôties et non desséchées par oubli et par négligence, dans un four qui dévore le meilleur de ce qu'on lui confie ; point de pâtisseries, point de ces sucreries dont les parents gavent leur progéniture, oubliant qu'ils la prédisposent à toutes les maladies. Mais cette partie de l'hygiène relève surtout des spécialistes, et mieux vaut leur adresser les chefs d'institution, proviseurs, économes et autres personnes chargées d'entrer dans les détails de la vie journalière ; certainement qu'après la lecture de livres techniques ils auront à cœur de traiter leurs pupilles avec tout l'intérêt de qualité et de dosage qu'on apporte s'il s'agit de l'élevage... de bêtes de prix par exemple... Étrange, étrange ! on surveille avec soin l'alimentation de l'animal, et les progrès, faits chaque jour dans ce sens, sont des plus encourageants ; il y a, je les ai vu étudier avec passion par un propriétaire, des livres très savants, pour diriger la pratique ; seul, l'enfant, dont on veut faire un homme, est livré aux caprices de son goût, à celui de ses parents, nourrices, domestiques, plus tard peut-être à l'économie et à l'ignorance sordides de ceux auxquels il est confié, sans que son bien ou son mal aient été jusqu'ici l'objet, non d'une étude sérieuse, mais d'un programme et d'une vulgarisation *ad hoc*.

L'école a d'autres obligations non moins graves, elle doit préparer l'enfant et surtout l'adolescent à comprendre, à apprécier, à remplir tous ses devoirs. Cet adolescent deviendra homme, époux, père ; c'est à l'école qu'appartient la tâche de l'initier aux conséquences de ces fonctions diverses : elle peut aborder tous les sujets et les traiter sans fausse pudeur. A douze ans, il n'est presque plus d'enfants qui croient encore être nés sous un chou ; sans entrer dans les détails de la dernière exactitude, il est possible de traiter devant eux (je parle surtout pour les écoles de filles), comme d'une évolution naturelle, de l'union de l'homme et de la femme dont l'enfant peut être le fruit ; que cette union, consacrée par le mariage requiert, exige un état de santé physique et morale auquel ni l'homme ni la femme n'ont le droit de se soustraire. Persuadez à votre jeunesse qu'il vaut mieux se marier jeune, même si les conditions d'existence sont un peu dures. « Qu'on me dise tant qu'on voudra
» que je me suis conduit avec imprudence ; qu'il
» ne suffit pas de mettre au monde des enfants, qu'il
» faut les élever, les doter ; ce qui est sûr, c'est que
» la paternité a comblé en moi un vide immense,
» qu'elle m'a donné un lest qui me manquait et un

» ressort que je ne me suis jamais connu. » (Proudhon.) Apprenez-leur à considérer le mariage comme l'acte saint de la vie, puisque c'est dans le mariage qu'ils doivent accomplir leur fonction la plus sacrée, celle de créer des hommes : l'Église avisée savait bien ce qu'elle faisait, quand elle l'élevait à la dignité de sacrement ! A l'école de dire à l'adolescent, qu'il faut n'épouser que la femme que l'on aime et celle qui est saine ; qu'il doit se respecter assez et respecter l'avenir pour ne choisir que celle qui saura dignement être la mère de ses enfants. Dites-leur qu'ils doivent être pleins de déférence pour la femme : non pas seulement parce qu'elle est femme et plus faible, mais parce qu'elle est appelée à concourir avec lui à l'édification de ce sanctuaire : la famille. Il faut qu'il sache qu'il a un capital de vie, accru par l'ordonnance et l'économie de ses parents et de l'école, et qu'il doit le léguer sans avaries à ceux qui viendront de lui ; et qu'il est lui-même le premier agent de son bonheur ; qu'il doit fuir les mauvais camarades, ceux surtout desquels la fanfaronnade et l'ironie corrompent mieux que les pires exemples. « C'est bien moins de la sensibilité que de la vanité qu'il faut préserver un jeune homme entrant dans le monde ; il cède plus aux penchants d'autrui qu'aux siens ; et l'amour-propre fait plus de libertins que l'amour. » (Rousseau.)

L'école peut leur dire qu'ils doivent se garder chastes, parce que c'est une économie physique et morale, et qu'ils peuvent ignorer la vie tant qu'ils n'ont pas rencontré celle dans l'amour de laquelle ils devront confondre toutes leurs aspirations, tous leurs désirs d'homme! En tête de chaque direction de conduite on devrait convaincre la jeunesse d'inscrire une obligation de chasteté, de même qu'autrefois et aujourd'hui encore, malheureusement, il était et il est de bon goût d'avoir couru toutes les ruelles et vaincu toutes les résistances. Fini, nous voudrions l'espérer, les vieux dictons : « Mon coq est lâché, gare à vos poules ! » Fini les mamans à la Sévigné, qui rient doucement des fredaines de messieurs leurs rejetons : fredaines qui sèment le désordre et souvent compromettent tout l'avenir ! Le père que nous souhaitons sera celui qui peut prêcher d'exemple ; la mère, celle qui donne par sa parole et sa manière d'être ce regain de force qu'il faudra toujours à la jeunesse, pour se vaincre et avoir le culte de la vie, non pas de la vie intense, abusive : mais de la vie qui attend son heure et saura, ivre de joie, jouir au moment permis. La société n'aura plus à défendre la femme ou à la réhabiliter, le jour où l'homme sera pénétré de l'idée, qu'être chaste est une forme de l'honneur ; que mettre à mal une jeune fille, même celle qui ne se défend pas, est une action mauvaise ; enfin, que l'homme qui cède à un penchant, plus fort que son raisonnement ou sa volonté, n'a plus qu'un moyen de demeurer en paix avec lui-même, celui de s'associer pour la vie celle qu'il s'est associée pour une heure de plaisir, dont un être innocent peut lui demander compte. Il faut que l'amour soit l'amour et non pas la doublure de la débauche ; laissez cela aux esprits vides, aux don Juan de carton ; que les forts soient vraiment forts, qu'ils sachent lutter pour garder leur idéal de vie saine, comme tant d'autres luttent pour recouvrer la santé qu'ils ont perdue dans une partie à deux, dont ils maudissent toute leur vie le résultat !

« Il ne faut pas craindre de leur montrer les » conséquences physiques de la débauche, et » même ce à quoi les expose, moins que la débau» che, la seule satisfaction des désirs latents en » chaque individu arrivé à la puberté. » (Rousseau.)

Evitez dans vos écoles toutes les promiscuités ; certains livres ont découvert ces plaies qui parfois, rarement voulons-nous croire, gangrènent les maisons d'éducation.

Signaler de pareils faits sans que leur répression soit immédiate, reste au passif de la discipline la plus élémentaire ; admettre de pareils échecs à l'autorité, au respect de la jeunesse, de la vie ; passer à profits et pertes ces misères morales, suppose tellement de philosophie du « laissez dire, laissez passer », que c'est à décourager ceux, qui souffrent dans leur âme de ces dépravations anormales.

Nous en dirons autant de l'excitation à la débauche telle qu'elle se pratique aux portes de nos lycées et collèges ; celle-ci relève de la simple police, et devrait être réprimée par les moyens les plus sévères ! Je n'aurai garde d'oublier les produits de basse littérature que publient certaines feuilles ; des obscénités qu'étalent trop souvent les kiosques et les devantures des magasins ! Quelle joie s'il nous était donné de voir inculquer à notre jeunesse une morale assez haute, disons même assez utilitaire, une compréhension assez vraie de son intérêt humain, pour que ces maux deviennent de moins en moins à redouter.

VI

> ARTICLES ADDITIONNELS AUX DÉCRETS DE LA CONVENTION ORGANISANT l'Instruction publique. *Considérant que..... les femmes de la génération qui nous presse seraient comme celles de la génération présente, qu'elles ignoreraient la plupart de ce qui leur est nécessaire pour remplir leurs devoirs de mère et d'épouse, etc.*

En principe, l'éducation physique et morale de la femme peut être la même que celle de l'homme; jeune fille elle est un *capital social* aussi précieux que l'adolescent; nous voulons retrouver saine, bien portante, ayant « des clartés de tout », l'enfant que nous avons confiée aux éducateurs de la jeunesse, pour qu'elle s'accroisse physiquement et moralement, pour qu'elle améliore, en tous sens, l'actif qu'elle possédait déjà, et devienne digne à tous égards, dans quelques années, d'élever les êtres qui naîtront d'elle.

Nous avons vu, avec quelle joie! l'initiative prise, par Mme Madeleine Brès, pour créer une crèche, à laquelle sont joints des cours d'hygiène infantile faits aux femmes du peuple! J'espère que cette idée généreuse, bien faite pour être admirée et imitée, sera le point de départ de mesures générales pour l'établissement de cours similaires dans toutes les écoles de filles. Ce serait risible si ce n'était si triste, que voir, avec quelle impéritie, la société permet à de jeunes inexpérimentés, de faire œuvre de père et de mère, sans qu'ils aient été, par le plus simple enseignement, dressés aux graves fonctions, les plus graves de la vie, que la nature les appelle à remplir. La tendresse paternelle, maternelle surtout, même la plus dévouée, peut-elle tenir lieu de ce défaut d'éducation spéciale? Tant d'exemples sont là pour nous prouver le contraire!

Dans notre idée l'école a dû les initier à leurs devoirs, leur faire apprendre même une théorie basée surtout sur l'hygiène et les notions générales de médecine; la famille achèvera cette initiation commencée; mais ce qui doit être entrepris d'abord, c'est de façonner ce corps et cette âme féminins, sur lesquels repose l'édification du foyer, du bonheur dans ce qu'il a de plus vrai.

Quels ennemis de ce bonheur peuvent souhaiter pour la femme une extension illimitée de ses droits humains ou sociaux! Certes il lui reste quelques conquêtes à faire, peut-être même les a-t-elle déjà faites? celles qui consacreraient les droits d'une mère de famille veuve et chef de maison; mais qu'elle ne cherche pas à dépasser les limites de sa puissance féminine; elle est assez considérable même en dehors du rôle que la maternité et le dévouement lui ont tracé! J'en appelle aux déclarations de M. de Bismark sur le pouvoir absolu et les camarillas.

Jamais la femme ne sera trop femme; c'est d'elle, j'en ai l'intime conviction, c'est de son action calme, bienveillante, sérieuse, dévouée, que la société peut attendre ses meilleurs progrès futurs! mais que cette influence soit cachée, elle n'en sera que plus sûre et plus forte! jamais elle ne sera trop la gardienne du foyer, la directrice inquiète de sa maison, la mère vigilante de ses enfants, la compagne dévouée de son mari! Qu'elle soit son associée pour le travail et le devoir familials, la confidente de ses peines ou de ses joies, la consolatrice des heures dures, l'amie patiente, affectueuse et pleine de courage des mauvais jours. Souhaitons, en passant, que l'homme, à son tour, comprenne, quel calme et quel repos il peut attendre de sa confiance en celle, qui doit être toujours la meilleure moitié de lui-même, « sa semblance », comme disait si joliment la Boëtie.

La femme honnête, dévouée, instruite de sa tâche, est au fondement de toute famille qui réussit; cherchez dans le désordre, l'incurie ou la légèreté de la gardienne du foyer, le secret des maisons qui croulent.

Mais pour réaliser cet idéal de vie conjugale et familiale, il faut avoir fondu, au creuset d'une compréhension vraie de l'existence, les vanités sottes et les coquetteries coupables; il faut ne pas croire, avec notre siècle, que la vie, en toutes ses manifestations, n'est qu'un concours. Tous, ou presque tous à l'heure actuelle, auront dépensé leur énergie, et bien des facultés qui eussent pu être mieux employées, à dépasser le voisin, l'ami, le frère, ou la sœur, en luxe, en élégance, en vanités de toutes espèces. Tout, dans certaines familles est subordonné aux satisfactions qui chatouillent l'orgueil et la coquetterie, plutôt qu'au bien-être et à l'amélioration de l'enfant. L'homme, la femme et leur rejeton sont, à l'époque actuelle, des « bêtes à concours » : la seule façon intelligente d'exploiter cette manie eût été de traiter l'individu comme l'animal, de classer bien haut, et même de récompenser, le père d'une nombreuse famille en bonne santé et en bel équilibre, la mère saine et forte d'une jolie nichée, la nichée elle-même ou ses sujets les plus remarquables... rien de cela n'existe; on rit de la famille nombreuse, on a peur de la nichée, et le pays décroît rapidement sans qu'on puisse prévoir que rien, sinon la joie de vivre, parce qu'on est assez fort pour porter gaîment le fardeau allégé de la vie souffrante et âpre de nos jours, arrête ce mouvement.

Quelle pente à remonter, que celle de demander à notre société actuelle, d'élever de vraies femmes, de les élever tout d'abord pour leur rôle de mère et d'épouse. Qui ne se rappelle les souhaits de Mgr Dupanloup, qui préludait à cette éducation spéciale, en faisant jeter à corps perdu les couvents qu'il dirigeait, dans le quiétisme ou toute autre spiritualité quintessenciée! Quel travail que corriger des esprits, hantés par les excentricités de la mode, le besoin d'être remarquée, le cabotinage qui fait de tant de jeunes filles des poupées, calquées sur les grâces maniérées des actrices en vue! le besoin d'éclabousser ceux que l'on rencontre; cette inconscience conjugale et maternelle qui font de l'inaccomplissement des devoirs familials, tantôt une raison d'incompatibilité de vie, souvent des infanticides moraux. Combien de mères s'isolent de leurs enfants, sans songer à la déperdition physique et morale qui peut résulter pour ces pauvres délaissés « dans le monde », de la promiscuité avec l'antichambre, et dans le peuple, avec des amis initiés aux vices. L'enfant, pas plus que l'adolescent, n'est exempt des sollicitations du mauvais exemple ou des mauvais conseils : c'est à la mère qu'il appartient de surveiller et de surveiller de très près, toutes les évolutions de l'être qui lui est confié. Quels soins peut-elle réclamer d'autrui, si elle n'est pas capable de se dévouer elle-même?

Etre femme, c'est avoir pris un brevet de misère physiologique. La société, quels que soient les soi-disant ménagements dont elle entoure sa faiblesse, est loin de savoir à quel point elle a besoin de soins minutieux et de constants égards. *Pour elle, plus que pour l'homme, une hygiène dès la première heure est une condition de vie normale.* Combien attendent, pour refaire un corps débilité, appauvri par l'hérédité et les mauvaises conditions d'existence, que la morbidité soit arrivée à son point extrême; que les soins viennent trop tard! Ce capital social qu'est une femme, comment, vous, société, pouvez-vous consentir à le voir dépérir?

comment n'organisez-vous pas, dès l'école, l'éducation pour l'hygiène conservatrice de ces forces qui sont une part de votre fortune? Beaucoup penseront que ces utopies ne tendent à rien moins qu'à faire de l'Etat une façon de père et de mère, doublés d'un médecin ou plutôt d'un hygiéniste; vous admettez bien que l'Etat soit percepteur! La tâche de refaire des hommes et des femmes, de leur apprendre par le menu la science de la vie, de les rendre forts et vaillants pour édifier la famille vous semble-t-elle moins noble ou moins digne d'exercer son influence, que celle de percevoir des impôts et d'en organiser l'emploi? L'initiative paraît trop ligotée en notre beau pays, pour qu'il semble possible d'entreprendre quoi que ce soit sans le secours de l'Etat tout-puissant: l'école est dans sa main; à lui de vulgariser les meilleurs procédés éducatifs.

C'est par la femme, *mère vigilante, nourrice expérimentée, saine, robuste, instruite de toutes ses fonctions et de tous ses devoirs*, de ceux que ferait deviner l'amour maternel, mais surtout de ceux qu'indiqueront de bons manuels de médecine, que vous commencerez à régénérer la race; mais ce n'est pas en ergotant sur un peu plus ou un peu moins d'heures de travail en dehors de son intérieur dans les usines ou dans les ateliers, que vous arriverez à ce résultat. La femme ne saurait être, dans des conditions normales et saines, ouvrière et reproductrice (on n'en demande pas tant de l'animal); il faut donc arriver à créer une société où certes tous et toutes puissent gagner leur vie si le sort l'exige ; mais il faut qu'en principe, le salaire de l'ouvrier puisse nourrir sa femme et sa famille, et que la première soit, sans restriction, vouée à son rôle, lequel consiste à organiser le meilleur emploi de ce salaire, à être la compagne de son mari, à avoir et à élever des enfants. L'homme n'aura plus besoin de se défendre de l'envahissement féminin, le jour où, par l'appui plus général qu'il donnera à la femme, en s'astreignant de bonne heure au mariage, il aura remis tout en place : en fait, il se plaint d'un état de choses qu'il crée lui-même, ou plutôt se fait le complice de la société qui, par ses conventions, par son admiration brutale et coupable du luxe et du confortable, anémie les saines virilités et empêche le jeune homme de se créer un intérieur approprié à ses besoins, même s'ils sont modestes Il est pourtant insensé que pour quelques milliers ou centaines de francs de colifichets, la famille se désagrège ; que la femme esseulée, abandonnée, réduite, selon le si joli et si vrai mot d'un rédacteur du *Temps* « à embrasser une carrière faute de pou- » voir embrasser un mari », soit obligée de lutter avec l'homme sur presque tous les terrains, et d'user en vains et tristes efforts, les énergies qu'elle emploierait mieux à dresser de solides et bons Français.

Il ne me semble pas utile d'entrer davantage dans les détails ; ils demandent une compétence technique qui n'est pas nôtre. Bien des médecins ont déjà répandu dans des feuilles éparses, qui ne demandent qu'à être réunies, les meilleurs principes pour former le *catéchisme* d'une belle vie physique et morale ; un catéchisme de mesures préventives, le manuel que nous ne cesserons de réclamer pour nos écoles ; manuel appuyé sur des programmes d'instruction pratique. Moins de considérations sur le génie politique d'une Catherine de Médicis ou l'habileté d'une Maintenon, mais une initiation sûre de nos futures femmes et mères de famille aux détails économiques les plus infimes, aux meilleures conditions de bien-être à moins de frais[1]. Un programme qui fera de l'ordre,

1. L'enseignement des lycées de filles comprend une ou deux heures (?) par semaine consacrées à l'étude de l'économie domestique. A Paris ces heures ont été absorbées par des branches.... d'un intérêt plus pressant sans doute... et pourtant ! si l'on songe au désarroi moral, à la déperdition physique qui résultent de l'ignorance féminine en ces matières, les premières auxquelles elles devraient être initiées, on se perd en conjectures sur les formes que peut avoir le cerveau des faiseurs de programme de toutes les époques ! Ils ne sont pas seuls du reste ; on nous a conté à ce propos deux jolies anecdotes.

Un couvent de l'Assomption, dirigé, tout porte à le croire, par une femme intelligente, avait sous une inspiration heureuse inscrit l'économie domestique parmi ses heures d'étude. Quelques leçons furent faites... puis, à la demande générale *des parents* le cours fut supprimé ! ces braves gens trouvaient sans doute que cette branche d'éducation était inutile, et préféraient voir exécuter devant leur progéniture quelques variations sur l'art essentiellement féminin de se placer agréablement une fleur dans les cheveux... Hélas !

Autre anecdote qui prouve à quel point les idées pratiques sont loin de notre esprit ; tellement loin, qu'on serait quelquefois tenté de douter du bon sens de la nation.

Le docteur Fonssagrives a, nous dit-on, traité, dans un volume, les soins à donner à la première enfance ; non seulement ce livre eût dû être entre les mains de chaque jeune femme, mais encore dans celui de toutes les grands-mères, tantes et même jeunes filles ! Point ! le livre se vendit peu. Fonssagrives

du principe de ne pas salir pour ne pas nettoyer, de celui de ne pas déchirer pour ne pas raccommoder, les bases de toute éducation domestique. Moins de littérature et plus de raccommodage, bien que l'un puisse si facilement marcher de pair avec l'autre; moins de sciences qui ne font que traverser la cervelle, mais une méthode pour di-

l'ayant fait traduire en anglais se créa du coup un débouché considérable ailleurs que chez le peuple le plus spirituel de la terre et le livre eut, en Amérique, tout le succès qu'il méritait et devait avoir! Et si j'ajoute que l'enfant est un être passif, dont les mouvements restreints ne peuvent, dans la prime enfance, l'exposer qu'à de rares chutes, tandis que le stock de maladies qui s'abat sur lui n'est que le résultat *d'infanticides inconscients* dus à l'inexpérience, à la légèreté, quelquefois à l'indifférence, mais surtout à l'*inexpérience*, vous admettrez peut-être qu'il importe moins à nos futures mères de savoir avec quelle élégance le roi soleil paradait dans la galerie des glaces que d'avoir appris durant leur long pèlerinage classique tout ce que comporte l'hygiène infantile, tout ce que comporte l'hygiène féminine, tout ce que peut réclamer de soins généraux l'évolution humaine. Cent vingt-cinq mille enfants paient chaque année de leur vie la niaiserie des programmes, la fausse direction donnée à l'intelligence féminine; attendra-t-on que ce soit sur des candidats à Charenton ou sur des spécimens de la cour des Miracles que la renaissance physique doive s'exercer pour dresser un public disposé à en avoir cure? Le peuple français, ce peuple le plus artiste de la terre, est à l'heure actuelle un de ceux qui flattent le moins le regard, son esthétique se dépense pour le marbre et la toile (et quelle esthétique parfois!), et l'on côtoie couramment la laideur la moins intéressante. Hâtez vous, philanthropes! il est temps de redresser les tailles et les jambes, d'élargir les épaules et de mettre dans la cervelle l'étincelle qui jaillit du regard; non seulement la dépopulation nous menace mais la dégénérescence s'étale en pâleurs livides, en contrefaçons pénibles. Régénérez, reconstituez, modifiez les éléments et pour cela élevez vos enfants d'après d'autres idées, ceux-ci pour être des hommes ayant le respect de la vie et de la beauté, celles-là pour créer en elles cette beauté et cette vie.

riger sa vie féminine ; une théorie en attendant la pratique.

Vous craignez peut-être l'aridité de ce manuel? est-il plus amusant d'apprendre les dates des dynasties mérovingiennes ou carlovingiennes ? ou même de répéter, comme autrefois dans toutes les écoles, et encore même, dans certains milieux, pendant dix ans, dans un livre *aa hoc*, toujours le même, les éternelles définitions de la dogmatique et de la morale chrétiennes, de la dogmatique surtout! Ce n'est pas que je regrette aujourd'hui les heures que j'ai passées à m'imprégner des préceptes de haute vie spirituelle, et quelquefois corporelle, qu'il renfermait ; il eût pu à lui seul être le guide de toute existence puisqu'il enseignait prudence, justice, force, tempérance ; mais, à l'époque d'utilitarisme où nous sommes, peut-être aurons-nous fait grande économie de temps et de force, si nous nous contentons de dégager une morale humaine et d'en enseigner les préceptes dans un catéchisme de préservation, de conservation, d'amélioration de notre race.

VII

« Ce sont nos misères communes qui portent nos
» cœurs à l'humanité. » (Rousseau.)

« Un jour, l'homme, connaissant la force et
» l'action du feu, de l'air, de l'eau, des astres, des
» cieux et de tous les autres corps qui nous envi-
» ronnent, aussi distinctement que nous connais-
» sons les divers métiers de nos artisans, les em-
» ploiera en même façon à tous les usages auxquels
» ils sont propres et non seulement *saura s'exemp-*
» *ter d'une infinité de maladies ; mais même, aussi,*
» *peut-être, de l'affaiblissement de la vieillesse.* »
(Descartes.)

L'école nous a rendu un adolescent aussi fort, aussi disposé à la vie que l'était déjà l'enfant que nous lui avions confié. Son actif vital s'est amélioré, les germes semés par l'hérédité se sont transformés ; il a appris à vivre : voyons quel usage il peut faire de cette science toute nouvelle. Son capital intellectuel s'est prodigieusement accru ; il a connu les joies des acquisitions successives, celles des fatigues normales et des sommeils réparateurs, il s'est grisé d'air, de lumière et d'idées ; il a senti la nourriture saine, abondante, les exercices athlétiques assouplir ses membres et développer sa puissance physique, tandis que les exercices intellectuels augmentaient sa force de logique, son jugement, sa vie spirituelle.

Il se plaît à se dépenser parce qu'il connaît les meilleurs moyens de réparer cette dépense et parce qu'il sait conserver un juste équilibre ; il a mesuré la vie, l'a jugée dans sa vérité, en dehors de toute influence religieuse ou confessionnelle. Il sait qu'elle est une surprise, que nous y sommes jetés sans l'avoir voulu, qu'elle est comme un rayon de lumière entre deux obscurités impénétrables que la foi seule peut éclairer ; d'elle il connaît tout : d'avant ou d'après... rien ! Mais cela ne gâte pas sa joie, l'équilibre de ses facultés le fait avancer allègrement, et sa conscience morale le porte gaîment au devant des justices de l'au-delà s'il existe.

Homme, quelle que soit sa position sociale, il a conscience d'être homme, il ne sent plus ces entraves que tant de conventions mettent encore de nos jours à la malheureuse humanité, pour aggraver le poids du fardeau sous lequel elle gémit ; la vraie liberté, celle qui fera de l'homme un dieu terrestre, chante dans son âme, il ne sait plus rien du martyre de l'esclave, des misères du serf, des tristesses actuelles de l'humanité aux prises avec tant de questions que le seul règne de la justice peut résoudre.

L'étiage social n'existe plus qu'au nom d'une sage discipline ; peut-être reste-t-il encore quelques adorateurs des vieilles conventions d'autrefois, celles qui ont gradué la société de telle sorte que nombre de Farenheit mis bout à bout n'arriveraient pas à donner une idée de cette échelle de Jacob ; non, il y a encore des favorisés, mais plus de ces opulences insolentes, qui insultent au labeur honnête et le font songer douloureusement.

Je sais bien tout ce qu'a d'énorme en face des rouages que nous voyons fonctionner chaque jour, au grand avantage d'une élite de possesseurs, au grand dam de tant qui gémissent et souffrent, le tableau de ce *futur monde enchanté*, où tout est beau et facile parce qu'on a équilibré et développé le moral et le physique, et où être bon et juste semble plus intelligent que semer la haine et l'envie. Je ne puis cependant pas idéaliser la vie telle qu'elle accable le nombre à l'heure actuelle ; pas davantage admettre que tout est pour le mieux dans notre société, où la religion, comme l'irréligion du reste, sont de plus en plus le masque de l'ambition et de l'avidité satisfaites, et où l'opulence semble être échue de droit divin à ceux dont elle embellit la vie. Où, par contre, il est possible, et cela quotidiennement, de lire qu'une veuve mère de plusieurs enfants se tue avec ou sans eux, n'ayant pas mangé depuis plusieurs jours.

« Il y a quelque chose de pourri en Danemark ! » ce qui se corrompt en France et dans presque toute la société actuelle c'est cette part qui s'endort béatement dans son bien-être, sans souci de ceux qui souffrent autour d'elle, sans un souci actif, informé, documenté, désireux de soulager la misère ; ce sont ceux qui, parce qu'ils possèdent, croient que tous possèdent, et manient des millions, tandis que leurs ouvriers gagnent quinze francs par semaine, et se régalent de pain et d'oignons crus chaque jour[1]; ce sont ceux qui consolent le cri de leur conscience, quand elle crie, en attribuant aux vices où à la paresse, les lamentables loques que l'on rencontre dans nos rues, ou les figures hâves d'enfants que colportent en leurs bras des mères, plus livides qu'eux ! Ceux qui possèdent ont résolu le problème du paupérisme au mieux de leurs intérêts ; leur vertu les a faits possesseurs, le vice du misérable l'a seul dépossédé ! En quoi peut-il m'intéresser? moi? homme vertueux? qui ai su par mon labeur, par une sérieuse économie, me faire des rentes.

Encore ces derniers sont-ils les plus respectables; mais que dire de ceux qui ne doivent leurs jouissances qu'aux coups de bourse, et voient leurs bénéfices s'augmenter de tout ce que perdent les petits et les moins fortunés ! Il va falloir arriver, quoi qu'on en nie, à s'intéresser à cette question du pain et de l'abri pour tous, ne fût-ce que pour que l'ouvrier ait encore la force de créer des défenseurs à l'ordre de choses, dont bénéficient les heureux de la vie : on la sent, pour peu que la grandeur de la patrie vous préoccupe, devenir assez

1. Voir : interviews, J. Huret, dans le *Figaro*. Août, septembre, etc.

aiguë, pour obliger ceux qui sont plus favorisés des biens terrestres à y penser malgré eux. Si la bourgeoisie riche ne résout pas elle-même cette fameuse question sociale, qui fait couler tant d'encre à l'heure actuelle, elle se résoudra malgré elle et contre elle, et ce n'est pas trop du concours de toutes les bonnes volontés et de toutes les compétences, pour aider à la solution du problème. « Ce n'est rien pour moi de faire fortune tant qu'il existe des pauvres, » a dit Proud'hon ; pourquoi des sentiments aussi beaux, aussi simplement *justes*, ne sont-ils que vaines paroles, et pourquoi n'essaierait-on pas d'en faire des réalités, en préparant des générations saines, au moral comme au physique ?

Mais j'en veux revenir à mon héros, je veux essayer de le voir tel qu'il pourrait être, tel qu'il sera peut-être, si le règne de la justice éclaire le monde, si le respect de la douleur et l'amélioration de la vie peuvent devenir la religion de tous. Il ne connaît la souffrance que par ces légers malaises qui accompagnent l'évolution de toute espèce, et font apprécier davantage les belles heures de santé physique. Il n'est pas armé pour la lutte, mais prêt pour la vie, prêt à faire œuvre d'homme, à la faire en conscience, dans toute la plénitude d'un être qui obéit à des instincts ennoblis par la raison. Il est prêt à réaliser l'idéal vers lequel a tendu l'effort de la famille, de la mère, de l'école, prêt à bien vivre, à être bon, généreux, juste et fort.

Son premier instinct le porte à soutenir sa vie, à travailler pour l'assurer. Déjà l'école l'a dressé à une mesure d'attention, à une dépense de lui-même, à une gymnastique de ses forces physiques et intellectuelles qui seront un précieux appoint pour ses débuts dans n'importe quelle carrière. Ouvrier, il ira joyeusement à la tâche qui lui incombe; il est assez fort pour la remplir, l'apprentissage n'a pas, comme à l'heure actuelle, sucé le meilleur de sa jeune vie, il sait que tout se réunit pour lui rendre le travail plus léger.

Patron, chef d'usine ou de fabrique, il aborde, sans humeur et sans crainte, les hommes qui sont les associés de son capital : il a conscience de faire tout pour alléger le poids du jour, pour rendre la tâche plus facile et plus agréable. Il a recherché soigneusement les meilleures conditions hygiéniques ; il a fait partager ses bénéfices à ceux qui les ont procurés ; il a limité loyalement et justement la part qui lui revient, il a considéré l'ouvrier non comme un inférieur, non comme un capital de force propre à exploiter jusqu'à ses plus extrêmes limites, mais comme un auxiliaire chargé d'une part de ce travail, qui apporte le bien-être à tous ceux qui y concourent. Borné dans ses désirs, tranquille et sans ambition, son labeur n'est plus une tâche ardue et âpre, c'est la simple utilisation de ses forces et de ses énergies; la vie lui semble bonne ; sa conscience est satisfaite.

Le temps n'est plus, où l'ouvrier, artisan des sommes si généreusement distribuées aux heureux de la vie, devait s'estimer heureux s'il gagnait assez pour se nourrir et nourrir une femme... des enfants. Des enfants? on n'en pouvait avoir! et du reste pour les faire gémir dans la misère, aux prises avec les maladies ce n'était, ma foi! pas la peine de les voir naître.

Banquier, il limitera ses gains, car il sera enfin établi qu'il est plus honteux d'avoir fait une très grosse fortune, que d'être pauvre. Le temps sera venu, où l'on saura qu'il y a gains et gains et que l'usure que déjà condamne la loi, et qu'a condamnée l'Eglise, n'est pas le plus honnête moyen de s'enrichir.

Héritier d'une fortune déjà acquise, il se cantonnera dans une occupation moins lucrative, laissant aux peu favorisés les places mieux rétribuées; mais il travaillera, car l'oisif, plaie sociale, n'est supportable que dans les milieux où les questions d'hygiène morale n'ont pas été résolues. Il est encore possible d'utiliser les loisirs que crée la richesse, en leur confiant le bien des malheureux, société de secours, assistance publique, etc. ; plutôt que faire diminuer ces ressources par l'armée de bureaucrates qui se sont installés autour [1]. L'impossibilité de guérir toutes les misères, le besoin de défendre les déshérités, les veuves, les orphelins, contre la première attaque de maladie, laisseront longtemps subsister les asiles qu'à l'heure actuelle, l'hérédité, les mauvaises conditions de vie morale et physique se chargent de peupler : cependant, nous osons entrevoir le jour où le pays, régénéré, refait dans son âme et dans sa chair, transformera ses hôpitaux en maisons d'ouvriers,

1. Nous avons lu avec le plus vif plaisir que l'assistance d'un des arrondissements de Paris est organisée d'après ce principe.

ou les rasera et créera sur leur emplacement de larges préaux et des pelouses, pour favoriser les ébats de tous les sexes et de tous les âges.

Il est homme, il travaille ; ce travail n'est plus un devoir c'est l'air ambiant de sa vie, c'est l'emploi naturel de sa force et de son énergie, c'est une source de joie. Ce travail est mesuré. Qu'il est loin le temps, où l'on entassait dans des chambres mal aérées, trop d'ouvriers ou d'ouvrières pour la capacité d'air! où l'on réclamait de ces malheureux, que décimait la tuberculose, un travail pénible pendant de longues heures, sous une surveillance de dogue que rien ne lasse, qui proscrit un mouvement de lassitude aussi bien qu'un éclair joyeux, sans songer au rendement qu'eussent fourni ces mêmes ouvriers et ouvrières travaillant dans des conditions meilleures. Est-il donc impossible de couper d'un temps de repos chaque journée d'employé ? qu'attendre, comme énergie physique, d'individus surmenés pendant de longues heures ? Quels êtres, autres que des meurtris avant la vie, peuvent engendrer ces chairs souffrantes et épuisées !

La plupart des magasins sont fermés en Angleterre, pendant deux après-midi par semaine, sans compter la journée du dimanche, on n'a jamais entendu dire que le commerce ne soit pas florissant chez nos voisins d'outre Manche ! Oh ! ces malheureuses femmes qui dans les grands halls du Bon Marché, du Louvre, ou ailleurs, debout pendant de longues, d'interminables heures, doivent sourire à la clientèle ! Oh ! ces ouvrières, assises sur des tabourets, obligées de fournir coutures et larges mouvements, sans pouvoir de temps en temps appuyer leur dos meurtri de fatigue ! Oh ! ces ouvriers des usines d'électricité, qui en quelques mois gagnent la tuberculose, parce qu'on a oublié d'aérer suffisamment leur chambre de travail ! Ce sera la honte de ce XIXe siècle, dont les titres de gloire sont si grands au point de vue scientifique, d'avoir domestiqué l'humanité, tari par un travail disproportionné avec les forces de l'ouvrier, les sources de la vie, et parqué l'enfant, l'adulte, la femme, comme on ne parquait pas l'animal.

La phtisie moissonne dans nos grandes villes ! Hygiénistes, pourquoi le permettez-vous ? Pourquoi, vous, philosophes, prêtres, pasteurs, publicistes, ne recommencez-vous pas chaque jour le même article, le même prône, la même « action » contre l'incurie qui décime la race, contre ceux qui usent et abusent de l'espèce, et attendent pour faire œuvre généreuse, quand ils la font, que le ver ronge le fruit ?

Qu'on ouvre des boulangeries et des boucheries, de larges espaces ; que tous aient de l'eau pure, meilleure à la santé que les falsifications qui circulent sous les noms les plus variés. Consacrez à ces œuvres d'amélioration de la race, ce que coûtent à l'assistance publique de la capitale, les 10.000 malades que moissonnent chaque année les tuberculoses, nées, en grande partie, des misères de l'exploitation humaine, d'une mauvaise utilisation des forces de la vie ; et vous aurez plus fait pour le bien social, que si vous aviez dressé des hôpitaux et des sanatoriums aux quatre coins de la France : ce ne sont pas, nous ne le répéterons jamais assez, des établissements pour la culture du mal qu'il faut élever ; ce sont des mesures préventives qu'il faut prendre ; c'est une hygiène rigoureuse qu'il faut établir par tous les moyens et *dès le sein de la mère ;* c'est la vie qu'il faut cultiver, non seulement la vie compromise, mais surtout la vie saine et bonne à vivre, depuis le jour où l'enfant naît à la lumière, plus encore puisque nous voudrions déduire de son hérédité une hygiène préventive, jusqu'à celui où l'usure inévitable le replonge dans l'éternelle nuit.

L'Ecole a développé la santé la force, l'énergie, la volonté, la justice, quel beau rêve! le respect ; toutes qualités que l'adolescent est appelé à pratiquer, sans que cette pratique ait la forme d'obligations strictes qu'elle va revêtir, au moment où il se mêle à son semblable. Ce monde, en petit, qu'il a fréquenté jusqu'à sa sortie de l'Ecole, l'a certainement déjà dressé aux vertus sociales les plus essentielles, celles qui doivent le mieux favoriser les manifestations de sa vie, maintenir l'équilibre physique et le côté moral de son existence.

Puis-je admettre que le héros que je rêve ait assisté au travail savant, consciencieux, dévoué qui s'est fait autour de sa chétive personne ; à ce respect avec lequel on s'est plu à développer son corps et à façonner son intelligence, sans qu'il soit rempli de déférence et d'amour pour ceux, parents ou maîtres, qui ont si bien compris la tâche qui leur incombait, et s'y sont consacrés avec tant de joie, de courage et de sollicitude. S'il a vu, le devoir accompli, marquer, comme une nouvelle étape, chaque jour de la vie de ceux qui le précèdent dans le temps, ne se sent-il pas tout naturellement porté à faire son devoir envers ceux que le sort a placés autour de lui.

Fils, il aime et respecte ceux qui l'ont élevé, qui l'ont dressé puissant et fort, qui n'ont eu pour objectif que son bien moral et matériel.

Epoux, il est l'ami, le soutien, le défenseur, le conseil, l'associé de celle qu'il a choisie ; plus que jamais, il doit respecter le capital de vie qu'il a reçu, et qu'il se dispose à transmettre à des rejetons. Ces forces qu'il a ménagées comme enfant, adolescent, jeune homme, il les ménagera et cherchera à les accroître dans son nouvel état.

Citoyen, il a de multiples devoirs. Il se doit à son pays, il se doit au bien commun ; il est un ressort de ce grand mouvement qui mène la chose publique. Je voudrais, en cette débauche de rêves, espérer que l'esprit de justice et le respect de la souffrance seront assez profondément inscrits au cœur des générations futures et de leurs gouvernements, pour que mon héros ne doive pas être soldat ; mais, si la cause, c'est-à-dire les compétitions qui font les nations armées devaient disparaître avec la république universelle, l'effet, c'est-à-dire un militarisme réduit à sa mesure la plus stricte, un an peut-être, pourrait être conservé comme une seconde école de développement physique, en même temps que de solidarité, de nivellement des classes, d'élévation des esprits, de justice, de liberté et d'indépendance dans l'obéissance pour chacun aux mêmes devoirs. La loi militaire pour tous est une des mesures les plus morales qui eussent pu être prises. Elle consacre encore quelques inégalités sociales ; mais il semble aisé de les amoindrir en facilitant l'exemption de deux ans à tout vraiment bon soldat d'un an. Il y aurait, dans cette décision, un sentiment de justice qui atténuerait ce « Malheur aux vaincus » de la vie. Ce sont toujours les mêmes qui portent le poids du jour. Leur faciliter le moyen de se faire une part dans la catégorie des favorisés, serait encore de bonne politique.

C'est à la caserne que doit se développer le goût du chant : il serait si bon et si consolant, pour nombre de ces apeurés, de se sentir réconfortés par un air tendre ou glorieux. « On a souvent signalé
» l'impression produite par un spectacle sur le pu-
» blic d'une salle de théâtre. Un courant électrique
» se dégage de cette assistance émue. Les senti-
» ments de chacun s'élèvent de quelques degrés et
» s'échauffent de l'émotion commune. De même
» quand des hommes réunis entonnent un chant,
» chacun des participants est à la fois acteur et
» auditeur, et ressent une émotion plus forte, parce
» que c'est celle de tous. Si le mouvement de la
» marche s'associe à cette impression, l'effet est
» souverain. Quand ce groupe, cette compagnie,
» ce bataillon ne fait entendre que la cadence
» rythmée des pas frappant le sol, le sentiment de
» son appartenance à cet ensemble anime chacun,
» de celui de sa force personnelle, qui lui est de-

» venue présente : si le chant s'y ajoute, le cou-
» rage grandit, l'idée de la solidarité s'exalte jus-
» qu'au sacrifice. » (Ph. Kuhff.)

Il devrait être d'ordonnance, de commencer la journée par quelque hymne à la joie, à la famille, à la nature, à l'amour, à la patrie, au foyer. L'homme ne pourrait plus être indifférent, et surtout mauvais à son semblable, après cette élévation, même involontaire, du meilleur de lui-même. L'Allemagne a, nous dit-on, un recueil incomparable de ces Lieder que les hommes en marche se plaisent à répéter. Est-il donc impossible de créer chez nous cette littérature, doublée de musique? Pourquoi ne prend-on pas, dans chaque régiment, vingt hommes intelligents et doués de belle voix, pour leur faire apprendre les chants de Déroulède, *la Parisienne*, *les Girondins*, nombre d'autres refrains que je pourrais citer. Avec deux générations de soldats, soit six ou neuf ans à peine, vous auriez fait pénétrer en ces masses, l'un des plus bienfaisants exercices qui puissent rasséréner l'âme humaine, donner des ressorts aux corps fatigués, et faire repousser ignominieusement comme elles le méritent, les banalités malsaines des cafés concerts.

S'entr'aider, consoler les moins heureux ou ceux que la douleur visite, distribuer du courage par la gaieté, si l'on a le bonheur de posséder cette richesse qui accompagne presque toujours l'équilibre parfait du physique et du moral. Respecter l'ignorant ou l'esprit faible ; point de ces moqueries, joies mauvaises que les plus forts se paient aux dépens de ceux que la lumière n'a pas complètement éclairés. Respect naturel, parce qu'il est l'esprit même de la loi qui régit ces masses d'hommes pour ceux qui ont conquis des grades, respect de l'autorité parce qu'elle est l'autorité, et non parce qu'elle s'incarne dans un homme accessible à toutes les flatteries, sensible à la seule courtisanerie humaine.

Si le militarisme demeure une obligation née de l'état de l'Europe, les devoirs sont encore plus grands, car ils se doublent des dangers que peuvent faire naître les hasards de la guerre ; mais, qu'est cet entraînement militaire pour un homme sain, énergique, sinon une gymnastique de ses jeunes forces, une source de joie! Y a-t-il plus belle manière de se sentir homme, qu'affronter le danger et vaincre le premier mouvement qui fait de la défense personnelle le sentiment le plus légitime? Quels souvenirs que ceux d'un héros, même ignoré, qui a regardé la mort en face et fait vraiment le sacrifice de sa vie à son pays et à son drapeau !

« Un soldat qui se porte bien, vaut mieux que » trois soldats débiles ; et nous n'aurons pas seu» lement le soldat qui se porte bien, nous aurons » les trois soldats, si nous suivons un bon régime. » (J. Simon.)

Le régime ne doit pas être seulement le bien du soldat : c'est le bien nécessaire à tous ; mais c'est en lui que pourront être appréciables les résultats vers lesquels l'effort de la famille et de l'école a tendu. C'est aux heures que réclame la patrie, qu'il devra se rappeler ses obligations pour conserver le mieux possible l'actif vital, que le concours de toutes les bonnes volontés a pu lui assurer; c'est pendant ces mêmes heures, que chefs et médecins devront favoriser, par les soins, les conseils, et surtout par des cours d'hygiène et de médecine élémentaire, l'évolution normale de la jeunesse dont ils ont la direction et la responsabilité.

Enfin, comme citoyen il a charge du bien commun : ce bien commun est fait de tant de détails! du respect des lois et du souci de leur amélioration; du choix désintéressé et éclairé de ceux qu'on appelle à gouverner la chose publique; d'une étude consciencieuse des meilleurs rouages à faire mouvoir, des meilleures idées à propager pour favoriser le faible et diminuer le pouvoir du fort !

« La charité est la solidarité mutuelle des hommes », a dit Proudhon ; M. Desjardins la considère tout autrement et nous serions tenté de partager ses avis. « Cette forme féodale de la bien-
» faisance, l'aumône, suppose toujours un actif
» et un passif, un suzerain et des hommes liges,
» des serfs pourrait-on dire, trop peu hommes en-
» core pour connaître d'autres joies, que celle tout
» animale de recevoir gratuitement des largesses. »
C'est aussi, à notre avis, la plus belle manifestation d'égoïsme humain ! On ne partage pas avec le pauvre, on se débarrasse de sa vue par un secours, et quel secours! qui repose l'esprit et tranquillise la conscience. Ce n'est plus cette charité aveugle que doit pratiquer la société, soucieuse du bien de chacun des membres qui la composent : c'est celle qui reconnaît, au dépossédé par l'accident, la ma-

ladie ou la vieillesse, le droit de s'asseoir aussi au banquet de la vie. Il n'y aura plus de pauvres, vivant de cette exploitation publique, le jour où des syndicats de toute nature auront monopolisé les offres de travail. Celui qui, par un bon de Syndicat, pourra prouver qu'il n'a pu se procurer de l'ouvrage, devra trouver, chaque jour, durant la période de chômage, pour lui et les siens, le vivre et le couvert, près des sociétés organisées dans le seul but d'obliger ceux auxquels le travail fait défaut. Une mesure comme celle-là prise, par la mairie de Corbeil, eût évité la lamentable odyssée de ce malheureux père, mort de besoin, après une lutte acharnée pour trouver du travail, et laissant derrière lui une femme mourante et des enfants exténués.

Plus de « charité » plus de « mendicité » ! il en serait de cette plaie comme de l'indiscipline qui ne fait tant parler d'elle, que parce qu'on semble lui faire un sort dans les programmes ; le jour où le mendiant ne sera qu'un paresseux, il cessera d'exister, car on cessera de s'intéresser à lui... les affamés ou les morts de faim deviendront un mythe ; quant aux infirmes ou aux vieillards, dès l'instant où l'hygiène et les meilleures conditions d'existence auront refait les générations il y aura certes assez de place et d'argent pour mettre à l'abri ces déshérités de la vie !

Le malaise de l'heure actuelle, ces revendications qui s'élèvent en bruit de guerre, tiennent à l'erreur de ceux qui font litière des sentiments de justice, sans jamais se demander quel serait leur état d'âme, si le sort les avait placés dans la condition des misérables auxquels ils ne savent pas s'intéresser. Il ne manque pas de personnes généreuses qui se font un devoir de porter à domicile leur aumône et leurs consolations! Ce qui manque, c'est l'intime persuasion que la misère des uns est non seulement une injustice du sort, mais encore une plaie que la société doit, dans son intérêt, non seulement soulager mais corriger. On fera « des études sur l'humanité vivante », dit M. Desjardins, en amenant le contact « avec les » plus humbles classes, car l'usage se répandra, » d'envoyer son fils, au lieu de l'Italie ou des Indes, » faire sa tournée d'apprentissage de la vie, pen- » dant trois mois, dans un pauvre logis de Mon- » trouge ou de Ménilmontant ». Eh bien, j'ai quelque idée que le devoir de l'avenir ne se bornera pas là! Il y a longtemps, des siècles, que la charité publique pérégrine au travers des mansardes et des galetas, sans que la condition des malheureux qui s'y succèdent se soit améliorée. L'âme charitable, émue de la misère, n'a jamais songé qu'il était peut-être possible de la combattre et de la changer en une vie normale; on les a consolés (?) en leur montrant le ciel, sans songer à leur donner le vrai moyen de sortir de leur misère! C'est d'abord l'éducation du pauvre qui va devenir le « Devoir présent », le « Devoir de demain » ; puis on admettra, parce qu'on se donnera la peine de s'en rendre mathématiquement compte, qu'un ménage, (je le connais) où cinq ou six (?) enfants sont à la charge d'un père arthritique chronique (certifié par plusieurs médecins), et d'une mère, même au courage héroïque, doivent évidemment trouver d'autres secours, que les quelques miches ou les rares pièces de cinq francs, que les administrateurs de l'assistance publique leur accordent après de longs débats.

Au prix où sont les choses sept ou huit personnes doivent bien coûter huit francs par jour! et je ne pense pas, qu'à ce prix, M. de Rothschild voulût entretenir les fleurs du château de Ferrières; où voulez-vous que ce père et cette mère trouvent des ressources, si la société ne leur en apporte pas? et cessez de croire que vous leur faites une aumône; leur travail suffirait à les rendre riches, si le profit se mesurait à la dépense d'énergie... et de plus ils donnent des citoyens au pays, malheureusement dans quelles conditions! mais, par ce temps de dépopulation, on n'a vraiment pas le droit de les dédaigner; au pays de leur donner en retour du pain, voire même du roatsbeef.

J'ai bien conscience des difficultés qui peuvent accueillir de pareils vœux! mais il ne m'est guère possible de pousser à une amélioration de la race, à une diminution de la faiblesse, de la maladie, de la douleur, de la souffrance, de la mort, sans signaler, entre autres, quelques-uns des moyens qui semblent particulièrement indiqués pour refaire au nombre, à ce peuple qui s'étiole, du sang, de la chair, des muscles. Certes, celui qui le premier, fut l'apôtre de l'idée d'une renaissance physique, Paschal Grousset, mérite de voir son nom inscrit au livre d'or de la France moderne. Mais le jeu suppose un estomac qui fonctionne, des jambes et des bras en bon état, un cœur dispos et prêt à jouir de la vie dans sa forme la plus agréable, et c'est encore du bien de riche, du bien dont les favorisés de la fortune ont été le moins privés ! Mais que fournir à ceux qui n'ont qu'une nourriture insuffisante pour se reconstituer de la force, sinon les premiers éléments qui favorisent cette reconstitution. « Du pain et des jeux », réclamait la plèbe de Rome ; du pain, réclamons-nous pour la France actuelle, du pain, et tout ce qui refait, avant et avec le jeu, les races appauvries.

Ouvrir des boucheries et des boulangeries ; ces mots semblent subversifs de tout ordre et sonnent en revendications, bonnes à renvoyer aux calendes. Admettons, cependant, qu'au milieu des quartiers populeux de la capitale ou des grandes villes manufacturières, l'assistance publique favorise l'ouverture de quelques magasins, où les denrées les plus nécessaires seraient mises à la portée des pauvres ménages, sans que les intermédiaires viennent en augmenter le prix ! Ne croyez-vous pas, que la régénération physique de cette agglomération, serait œuvre aussi bonne sinon meilleure, qu'attendre passivement que chaque individu tombe à son tour, et dans quel état de misère physiologique ! ! sur les bras de l'assistance publique et encombre ses hôpitaux par suite des privations subies. Je ne peux pas entrer dans les détails d'exécution, l'organisation n'est pas du ressort de ceux qui ignorent les rouages de ces administrations. Je crois, et c'est cela qui me pousse à écrire, que tout peut s'organiser pour le plus grand bien du plus grand nombre. Comment? d'autres le diront. Ce n'est pas une raison parce que je demande un pont pour relier deux rives, pour que j'indique de quels matériaux et sur quels calculs devront se baser les études et la construction. On a organisé tant de choses, qui demandaient plus de dépense de volonté, qu'il n'en faudrait pour organiser vraiment, non pas la charité, mais l'aide matérielle à ceux dont les moyens sont au-dessous de leurs besoins ! Certaines conclusions s'imposent d'elles-mêmes en certains cas. Il n'est pas difficile de déduire ce que la société doit faire en face de situation telle que celle-ci que je suppose : un ménage à deux cents et même trois cents francs de loyer à Paris ; il se compose de quatre, cinq, six, sept membres ! ces gens sont dans une position d'infériorité absolue quant à la lutte pour la vie, que dis-je ? quant à la vie ! il est urgent de les aider par tous les moyens. Et ne me dites pas que ce sera par le travail de la femme, car vous me prouverez que vous n'avez aucune idée de la nécessité économique qu'il y a pour un ménage à conserver chez elle la maîtresse de la maison, — ne me parlez pas davantage d'exploiter le futur travail de ces jeunes enfants, sur lesquels vous comptez pour refaire des soldats français, l'erreur serait tout aussi grande; certaines déformations et la plupart des débilités parlent assez haut contre cette exploitation presque enfantine. Non, il faut favoriser l'ouvrier en masse, le petit employé aussi malheureux et souvent plus malheureux que l'ouvrier ; il faut changer en forces vives, en énergies, en hommes et en femmes sains et robustes, ces réserves de la partie qui s'anémient et se débilitent. Peu m'importe si dès l'abord et même toujours il en est qui ne méritent pas qu'on s'occupe d'eux : du reste a-t-on jamais réfléchi à l'infériorité morale, née de l'infériorité physique ? Combien vivent dans une quasi oisiveté dont la paresse n'est que le résultat du manque de force, et par suite du manque d'énergie ! Combien faillissent à leurs obligations et s'attirent vos mépris parce que la portée de leur intelligence et de leur corps est au-dessous de leurs obligations. Combien sont réduits à la mendicité dont l'apparence frêle n'a pas inspiré assez de confiance dans les services qu'ils pouvaient rendre.

A l'heure actuelle, la société a deux grands devoirs, distribuer de la force, de la santé, de la joie de vivre par les aliments, les habitations à bon marché, débarrassées de la spéculation ; et élever les jeunes générations pour ce bien qu'on veut leur faire, afin qu'elles ne soient pas tentées d'en abuser et de décourager les bonnes volontés.

On nous a répété à satiété que Guillaume le Conquérant avait refait l'Angleterre avec du roatsbeef, je regrette qu'on n'ait pas vulgarisé les moyens de distribution qu'il avait employés ; je doute que ce soit en faisant acheter à beaux deniers comptants les morceaux de viande qu'il destinait à améliorer la race conquise : bien peu de ses sujets eussent pu, et peut-être voulu, se prêter à sa fantaisie royale.

On pourrait mathématiquement prouver quels

abus entraîne la charité, telle qu'elle est administrée en masse à l'heure actuelle. Avec les soixante millions de revenus de l'assistance publique, peut-être est-ce moins, il me souvient cependant d'avoir remarqué ce chiffre, il est simplement possible de faire cinq cents francs de rentes à cent vingt mille personnes ! Et s'il s'agit de détacher de ce budget colossal, dix francs, pour empêcher une femme de mourir de faim : mourir de faim ! ! ! ou d'obtenir une place dans ces hôpitaux entretenus à si grands frais, c'est chose presque impossible.

Des détails comme ceux-là ouvrent sur notre organisation sociale des horizons remplis de douloureux enseignements ! Comment n'a-t-on pas encore mobilisé parmi les désœuvrés de la vie facile, le personnel susceptible de distribuer les secours et d'épargner à ce bien du malheureux, la part qu'en détourne la bureaucratie ? La simple étude de ce budget fantastique vaudrait certainement tout autant pour l'éducation sociale de ceux qui réfléchissent, que les meilleurs traités d'économie politique et autre.

La foule leurrée admire... soixante millions ! pour soulager les pauvres ! mais ils doivent être plus qu'assistés ! comment est-il nécessaire de donner encore autour de soi ? Comment peut-on lire, dans les journaux, que des malheureux meurent de faim ! La même foule s'extasie sur le nombre et la grandeur des hôpitaux, sans penser à l'amer enseignement qui se dégage de ce luxe d'établissements de secours ! ce n'est pas à cela qu'il est possible de juger du bonheur d'un peuple ; si nos générations étaient saines et vaillantes, bien nourries, mieux logées, nous aurions moins besoin de mettre à leur disposition, et les hommes de l'art qui se font la main sur leurs misères, et les remèdes qui parfois les empoisonnent ou les désorganisent ; et les palais-casernes auxquels ils préféreraient des logis plus humbles, mais où ils se sentiraient chez eux !

Tant de choses pourraient être dites encore ! tant de choses dites et si bien dites ailleurs, répétées par toutes les plumes autorisées, sans que les résultats soient très appréciables. Au moment de clore ce travail, qu'une profonde pitié a dicté, je veux résumer les aspirations qu'il renferme, et leur donner un corps, bien que j'aie la triste conviction de n'avoir ni le talent, ni l'autorité nécessaires pour faire plus que pousser, moi aussi, un cri dans le désert !

Je demande que la société comprenne quel intérêt moral elle a « à faire des hommes » ; à les façonner, à en refondre les éléments pour les dresser sains, forts, beaux, énergiques, justes.

Qu'elle appelle à son secours, la mère, la famille, puis l'école pour enseigner le devoir moral et matériel de chaque enfant, fille ou garçon.

Qu'elle dresse des mères instruites et éprises de leurs devoirs, désireuses de procréer, dans des corps qu'elles auront conservés et améliorés, de nouveaux êtres pleins de vie !

Qu'elle dresse des pères, ayant gardé intact le trésor vital qu'on a déposé en eux, et prêts à le transmettre à leurs rejetons.

Qu'elle élève ses générations pour la liberté, pour la vraie indépendance.

Qu'elle fasse de l'hygiène infantile, féminine, masculine, la virilité de l'éducation qu'elle est chargée de ditribuer. Que des manuels de saine vie physique, que la « science de la vie », c'est-à-dire de se nourrir, de se vêtir, de se préserver, soit créée et mise entre les mains de nos écoliers; qu'on leur apprenne à « vivre » ; la société actuelle souffre tout autant du manque de forces que de la mauvaise utilisation de ces forces.

Que les instituteurs, les proviseurs, les prêtres, les pasteurs, soient des hygiénistes, des médecins! que ces derniers surtout distribuent par leurs conseils, par leurs soins, la bonne parole de la joie de vivre ici-bas, en même temps que celle des promesses futures.

Que la vie soit un culte, une religion! que l'équilibre physique et moral soit la recherche idéale de ceux qui pensent; que leur exemple agisse sur la foule et la pousse à se refondre en un métal incorruptible.

Que la misère, la débilité, l'appauvrissement de la masse, disparaissent ou s'atténuent de plus en plus. Que toutes les bonnes volontés s'unissent pour favoriser le travailleur, l'ouvrier, le père d'une famille nombreuse, la mère solide à son poste de gardienne des forces individuelles.

Et qu'on ne me dise pas que tout cela n'est que rêve, je sais bien à qui appartient de faire du rêve une réalité.

Mais qu'on ne croie pas que c'est avec le dilettantisme raffiné de quelques-uns d'entre les meilleurs de ceux qui poussent à la « marche en avant » qu'il faut s'adresser au peuple. Ce n'est pas avec toutes les apparences de la culture intensive qu'il faut l'appeler à soi ; c'est en lui parlant de son humanité, c'est en sachant manier la langue de ses intérêts : cette langue populaire à laquelle vous substituez votre élégante rhétorique ! Ce n'est pas à « l'unanimité » qu'il faut convier la masse, c'est à son « amélioration physique » entraînant nécessairement une « amélioration morale » et ce, par les moyens qu'elle peut le mieux comprendre. Il faut leur dire : Tu es pauvre ? Viens, nous t'apprendrons à tirer de ta pauvreté tout ce qu'elle peut fournir de saine médiocrité.

Tu souffres ? Viens, nous essaierons de te guérir, en t'initiant aux prescriptions de l'hygiène, et nous guérirons en toi ceux qui doivent venir de toi.

Tu as appris à l'école la morale civique ? Viens, nous t'apprendrons la morale humaine, naturelle, celle sans laquelle il n'y a pas d'hommes, pas de femmes, pas de famille, rien.

Tu crois que le vice est aimable? Viens, nous te persuaderons, par l'étude de tes intérêts, que la vie actuelle meurt de ces préjugés, dont elle hérita.

Tu crois que tu te dois à toi-même ou à la galerie, d'être un fanfaron de vice, parce qu'on l'a écrit cent fois, et que toute une immonde littérature dont on te gave, te le dit? Viens, nous te conterons que la vie doit être honnête pour être saine, et que le travail, cette première joie, n'en est une, que si tu t'es ménagé la force nécessaire à son accomplissement.

Tu ne veux pas travailler? La fainéantise t'a dompté? Viens, nous rechercherons si cette infériorité morale ne vient pas d'une infériorité physique.

Tu vis dans le mal, la débauche? Viens, nous chercherons enfin à quel germe morbide il faut attribuer ton malheur : nous voulons être les médecins du corps autant et plus que les médecins de l'âme... Spécialistes à la vérité; mais, qui ne consent que si la folie, cette pire des maladies morales, est une maladie physique, chaque manifestation déraisonnable de l'esprit humain peut être enfin traitée par une thérapeutique encore embryonnaire, mais dont l'hygiène est la première forme.

Les Cassandre auront consacré, soit à une amélioration purement morale, soit à la correction des abus, de longues lamentations, sans que ceux que le bien-être berce, veuillent voir dans ces efforts, autre chose que des divagations plus ou moins littéraires! Plaise au sort que l'avenir ne leur montre pas d'une manière douloureuse, ce qu'ils auraient dû faire; ce qui pourrait panser tant de blessures, et créer pour tous, l'idéal vraiment humain de la *Vie bonne à vivre.*

20 octobre 1892.

Châteauroux. — Typ. et Stéréotyp. A. Majesté et L. Bouchardeau.

A LA MÊME SOCIÉTÉ

Envoi franco contre un mandat.

AUVARD, *accoucheur des hôpitaux*, et PINGAT (le D[r]). — **Hygiène infantile ancienne et moderne.** Maillot, berceau et biberon à travers les âges. 1 vol. in-18 jésus, illustré de 85 figures dans le texte . . . . **1 fr. 50**
Cartonné avec dorures spéciales. . . . . **2 fr. 50**

BARTHÈS (Dr ÉMILE), *médecin inspecteur de la Société protectrice de l'enfance.* — **Manuel d'hygiène scolaire.** A l'usage des médecins et instituteurs, des lycées, collèges, etc. Un volume in-18 de 150 pages. Deuxième édition. . . . . . . **2 fr. 50**

DEMENY (GEORGES), *chef du Laboratoire de la station physiologique annexe du Collège de France, rapporteur de la commission de gymnastique au Ministère de l'Instruction publique, chargé de missions par le Ministère* (Société d'éditions scientifiques). — **L'éducation physique en Suède.** Un volume in-18 de 105 pages, avec graphique . . . . **2 fr. 50**

LEROUX (Dr CHARLES), *médecin en chef du dispensaire Furtado-Heine, secrétaire de l'Œuvre nationale des Hôpitaux marins.* — **L'assistance maritime des enfants et les hôpitaux marins.** Préface par M. le Professeur VERNEUIL, *membre de l'Académie des sciences, chirurgien de l'Hôtel-Dieu* (Société d'Éditions scientifiques). 1 vol. gr. in-8 de 278 pages, gravures. **10 fr.**

Dans une première partie, l'auteur montre les ravages de la scrofule, de la tuberculose, du rachitisme dans les grands centres et la dépopulation qui en résulte. Il indique les résultats merveilleux qu'a donnés dans ces diverses maladies le traitement par le séjour au bord de la mer. Il fait enfin l'histoire des hôpitaux marins existant actuellement. Les établissements de ce genre sauveront la vie à un grand nombre d'enfants, l'auteur fait appel à l'initiative privée, aux ressources de l'État, des départements et des administrations hospitalières pour multiplier le nombre des hôpitaux marins.

M. Leroux est appuyé dans son œuvre par la haute autorité de M. le professeur Verneuil. Celui-ci fait remarquer notamment que : « L'assistance publique trouvera une grande économie en entretenant au bord de la mer des enfants qui traînent dans ses hôpitaux urbains pendant des années entières pour y succomber le plus souvent. »

E. MONIN et DUBOUSQUET-LABORDERIE (les D[rs]). — **Précis élémentaire d'hygiène pratique.** 1 volume in-8 écu de 475 pages. . . . . **6 fr.**

Répond étroitement aux nouveaux programmes de l'Enseignement. C'est, de plus, une œuvre de vulgarisation qui a sa place marquée dans la bibliothèque des gens du monde et de toutes les personnes soucieuses de préserver leur santé, qui est le plus précieux de tous les biens.

Châteauroux. — Typ. et Stéréotyp. A. Majesté et L. Bouchardeau.

www.ingramcontent.com/pod-product-compliance
Lightning Source LLC
LaVergne TN
LVHW020338230826
846091LV00003B/927
* 9 7 8 2 0 1 3 5 8 7 8 0 8 *